LA PUISSANCE DES LIENS

Grand bien vous fasse !

Ali Rebeihi

Christilla Pellé-Douël

LA PUISSANCE DES LIENS

PRISMA MEDIA / FRANCE INTER

MIXTE
Papier issu de
sources responsables
FSC® C003309

L'éditeur de cet ouvrage s'engage dans une démarche
de certification FSC® qui contribue à la préservation
des forêts pour les générations futures.

Pour en savoir plus :
www.editis.com/engagement-rse/

ISBN : 978-2-266-32122-8
Dépôt légal : octobre 2021

ÉDITO

Dès la naissance, nous, les humains, sommes dépendants des autres. Et quels autres ! Notre mère et notre père nous aiment au sens propre et nous nourrissent aussi de mots tendres, de caresses, de contact peau à peau. Des nourritures affectives qui déterminent en grande partie notre développement cérébral, psychologique, physique, comme le souligne si bien Boris Cyrulnik… *A contrario*, les serpents, les insectes ou les poissons n'ont nul besoin de telles nourritures affectives ! L'anthropologie, la philosophie, la psychiatrie, la neurologie nous le disent : sans les autres, nous n'existons pas. Les liens familiaux, amicaux, amoureux ou ceux qui nous unissent aux animaux sont essentiels à notre équilibre et, disons-le, à notre survie psychique et physique. Sans Vendredi, Robinson Crusoé n'aurait sans doute pas survécu psychologiquement dans son île. En cette période de pandémie qui ressemble à un jour sans fin, une sensation de vide s'est emparée de nous. L'enfer, ce n'est pas les autres, c'est l'absence de l'autre. Nous ressentons corps et âme ce manque de l'autre, des autres, qui nous empêche d'être pleinement nous-même.

En nous appuyant sur de nombreuses études scientifiques, nous avons voulu savoir pourquoi nous avons tant besoin d'autrui pour exister. Pourquoi est-il si important de recevoir des marques sinon d'amour et d'affection, du moins de reconnaissance, d'estime ? Nous verrons comment consolider ces liens si essentiels à notre bien-être, voire à notre bonheur. Comment les rendre plus épanouissants ? Par exemple, en ne craignant pas de demander de l'aide, de montrer nos faiblesses, d'entrer en intimité. Mais aussi en apprenant à exprimer gratitude, empathie et affection. Car l'interdépendance ne nuit pas à notre besoin d'autonomie, bien au contraire ! Et vous verrez aussi comment surmonter la rupture d'un lien, amoureux ou amical, tâche ô combien difficile. Avec mes compagnons d'émission – Baptiste Beaulieu, Boris Cyrulnik, Thierry Lhermitte, Guillemette Odicino – et sous la direction de Christilla Pellé-Douël, nous tentons, dans ce second numéro de la revue que nous sommes si heureux de partager avec vous, de resserrer les liens. En oubliant pour quelques instants cette société du sans contact qui nous fatigue psychologiquement, sans gestes barrières ni distance physique...

Ali Rebeihi

LA PUISSANCE DES LIENS

Boris Cyrulnik nous le dit dans cet entretien : sans un minimum d'échanges et de relations, nous mourons, comme une plante privée d'eau. Pourtant, notre société de la performance, du « toujours plus efficace », nous incite à l'autonomie.

Pour les parents eux-mêmes, influencés par divers psychologues, pédagogues ou autres spécialistes de l'enfance, « l'autonomisation » de l'enfant est une sorte de Graal : plus vite il « fait ses nuits », plus vite il est « autonome », mieux c'est. Ce serait bien si, dès l'âge de sept ans, les enfants étaient capables de préparer leurs repas... Ce n'est guère mieux du côté des relations amoureuses : le but serait d'être indépendants, de vivre chacun dans son coin, avec des rencontres ponctuelles mais surtout pas d'appartement commun ! L'idée de dépendre de l'autre est devenue un véritable cauchemar.
Seulement voilà : la crise de la Covid-19, avec les barrières sociales, le télétravail, l'isolement et la souffrance des personnes âgées, nous a montré les limites de l'exercice. Depuis le deuxième confinement, on voit fleurir sur les réseaux sociaux des hymnes au travail de groupe, aux échanges : on regrette même la bonne vieille machine à café, rendez-vous de tous les potins... Nous pleurons les

déjeuners familiaux et aspirons à de vraies rencontres. Il est vrai que les câlins virtuels manquent de chaleur... Nous prenons conscience dans notre chair de la nécessité de l'existence des autres. Nous savions déjà que la solitude, mal de l'ultramodernité, nous atteint au plus profond, mais cette crise est venue souligner durement cette vérité : sans la proximité des autres, sans entraide, sans soutien, nos vies ressemblent à des décors de carton-pâte.

Tout ce que nous réalisons aujourd'hui, après l'avoir peut-être un peu oublié, Boris Cyrulnik l'explique : notre cerveau et notre corps ne sont tout simplement pas faits pour vivre dans l'isolement. La neurologie et la psychiatrie nous le disent. Êtres de liens nous sommes – même si parfois nous avons besoin de nous écarter pour reprendre des forces –, êtres de liens nous demeurons. L'amour de l'autre – celui que nous éprouvons, celui que nous donnons – nous constitue : « L'homme devient un "Je" au contact du "Tu" », écrit Martin Buber[1]. Et nul ne peut s'affranchir de cette relation. Même seuls, nous faisons partie de l'humanité. « Nous sommes tous coupables de tout et de tous devant tous, et moi plus que les autres », écrivait Dostoïevski. Les neurosciences nous démontrent désormais ce que nous avaient appris la psychologie, la littérature, l'éthologie, l'ethnologie et la sociologie.

1. Philosophe et conteur autrichien et israélien, né en 1878, mort en 1965.

« EN L'ABSENCE DE LIENS, LE CERVEAU HUMAIN S'ÉTEINT. »

L'éclairage de Boris Cyrulnik

Pour le psychiatre Boris Cyrulnik, les liens ont une importance vitale. Il est l'auteur d'ouvrages qui ont eu un grand succès, notamment *Sous le signe du lien* (Fayard/Pluriel).

Boris Cyrulnik, pourquoi avons-nous tant besoin de liens ? Sommes-nous une exception parmi les animaux ?

Il existe des espèces qui n'ont pas besoin de liens : les serpents, les insectes, les poissons... Leur programme génétique les pousse à s'adapter instantanément à leur environnement, sinon ils sont éliminés. Les oiseaux, en revanche, ont besoin de liens. Certains peuvent se laisser mourir s'ils perdent leur partenaire. On voit des oiseaux s'attacher intensément aux humains qui s'occupent d'eux[1] et les nourrissent. Si l'humain disparaît, les oiseaux dépérissent et meurent. L'apparition du sein dans le monde vivant a induit une stratégie de survie fondée sur l'attachement : pour survivre, il faut être proche de la mère qui nourrit le petit. Dès l'instant où l'attachement apparaît, nous pouvons nous adapter à des variations de milieu. Lorsqu'un homme et une femme ont un petit, l'enfant, quoique issu de la génétique de ses parents, est un peu différent puisqu'il est une recombinaison de leurs chromosomes. Il y a donc des petits nouveaux qui vont s'adapter aux variations de milieu et l'espèce survivra.

Quelle est la spécificité du lien humain par rapport à celui des primates, par exemple ?

L'attachement est indispensable à la vie : sans sa mère, un petit meurt, qu'il s'agisse d'un chat, d'un bonobo ou d'un humain. Quand la puberté arrive chez les animaux, le jeune doit quitter la mère et son groupe d'origine. C'est ce qui permet la ventilation des gènes : s'il restait, cela augmenterait la probabilité de rencontres incestueuses, donc de dégénérescence génétique. L'une de nos particularités est que chez les humains les jeunes partent plus tard, mais pour d'autres raisons...

Il existe une période sensible d'attachement ; pour les oiseaux elle est de trois heures, pour les mammifères supérieurs (chats, chiens,

1. Voir à ce sujet la célèbre expérience du scientifique Konrad Lorenz avec les petites oies.

chevaux, etc.) de quatre à six semaines, pour les primates non humains de quatre à six mois. Pour les humains, cette période est beaucoup plus longue : deuxième moitié de la première année, plus l'apparition de la parole vers la troisième année, où les humains apprennent à vivre dans un monde de signes. Notre cerveau se développe très lentement, ce qui permet l'épanouissement de nos capacités cognitives. Nous connaissons au cours des petites années un bouillonnement synaptique qui dure jusqu'à l'adolescence. À ce moment se produit un élagage synaptique qui permet une première adaptation au milieu. Plus tard, les femmes connaissent un deuxième élagage synaptique au moment de la première grossesse : l'effet des hormones réduit le nombre des circuits neuronaux, ce qui permet d'augmenter les performances de traitement des informations. Elles dépensent alors moins d'énergie pour résoudre les mêmes problèmes et sont donc plus efficaces. Elles sont plus adaptées au milieu que les hommes. Si le milieu est stable, elles ont de meilleures performances affectives et intellectuelles que les hommes. Mais si le milieu change brusquement, elles sont un peu moins performantes. Ce qui explique peut-être que les femmes soient plus atteintes que les hommes lors d'un même trauma, un attentat, une guerre, une agression... Pour les filles comme pour les garçons, le cerveau ne finit sa croissance que vers l'âge de vingt-cinq ans. Mais la synaptogenèse se poursuit toute la vie, même chez les personnes atteintes d'Alzheimer, à condition – et cela vaut pour nous tous – d'être en lien avec d'autres personnes. Ce qui explique que les personnes âgées aient besoin d'attachement, sinon elles se laissent aller, ne mangent plus, ne boivent plus, jusqu'à la mort. C'est le syndrome de glissement. Exactement comme les bébés lorsqu'ils sont abandonnés.

Le besoin de lien est donc présent toute la vie.
Un cerveau humain s'éteint s'il n'y a pas d'altérité. C'est dans notre programme génétique.

En ce qui concerne les enfants, quelles sont les conséquences d'un mauvais lien, de mauvais traitements ou d'un abandon ?

Cela entraîne des effets psychiques mais aussi physiques. Des études anglaises durant la Seconde Guerre mondiale ont confirmé le nanisme affectif.

Ces enfants sont plus petits que la normale, ils ont une morphologie spécifique, une petite tête, de longs bras avec de longs doigts, des troubles endocriniens, moins de sécrétions d'hormones sexuelles. Les garçons ont des têtes de petits vieux et les filles se masculinisent parce que leurs hormones féminines et masculines ne sont pas stimulées par la présence d'un autre. J'ai vu dans les orphelinats roumains des enfants que l'on ne pouvait distinguer selon leur sexe. Leur développement intellectuel est retardé, ils n'apprennent pas à parler, ce qui entraîne des troubles de la socialisation... C'est vraiment l'ensemble de la personne qui est altéré, physiquement et psychiquement, s'il n'y a pas d'attachement.

Quelles sont les périodes sensibles durant lesquelles l'attachement est essentiel ?

Il y a plusieurs périodes sensibles – ce qui ne veut pas dire périodes critiques. Pour les bébés, ce sont les heures qui suivent la naissance : les nourrissons reconnaissent les basses fréquences de la voix de la mère, apprennent particulièrement vite la présence de l'autre, son visage, son regard, sa voix, son corps. Des études récentes montrent que tout de suite après la naissance ils reconnaissent la brillance des yeux, la saccade oculaire. Si la mère est déprimée, elle est moins disponible pour son enfant qui tète moins bien, ce qui peut provoquer des troubles de croissance. La première tétée est très importante : si cet ensemble sensoriel n'est pas mis en place, le bébé rate les premiers nœuds du lien. D'où l'importance du peau à peau tout de suite après la naissance.

Et après la naissance ?

Dans les semaines et les mois qui suivent la naissance, le cerveau se construit jour après jour au contact des autres. Entre le vingtième et le trentième mois survient une autre période sensible. En dix mois, l'enfant apprend ses premiers mots si le lien a été bien construit. Si ce n'est pas le cas, pour de multiples raisons – misère sociale, guerre, troubles familiaux, etc. –, il va rater cette période sensible du langage. Mais ce n'est pas une période critique qui serait « maintenant ou jamais ». Cela peut se rattraper, à condition que les conditions soient bonnes, que l'enfant soit bien soigné, qu'il bénéficie d'un entourage soutenant, etc.

Plus tard, à l'adolescence, surgit une autre période critique : la motivation sexuelle pousse les jeunes à se séparer de leur famille. Si leur culture le leur permet, ils larguent les amarres, sans couper les ponts. Ils resteront attachés à leur famille d'origine mais iront courtiser ailleurs. Si leur culture ou les conditions ne leur permettent pas de s'autonomiser, ils resteront chez papa et maman et c'est une source de conflits. Cette période est à la fois neurologique, affective et sociale. Tout dans nos sociétés freine l'autonomisation des adolescents : longueur des études, difficultés économiques, chômage… Vous le voyez, le lien est vital et en particulier pendant la jeunesse et l'enfance. Plus tard, la présence d'un autre permet de s'ouvrir, de découvrir et de poursuivre son développement.

Vous avez parlé du langage qui se construit grâce aux liens avec les autres. Et il y a la découverte des signes : l'écriture mais aussi la lecture des expressions du visage, du corps…

Oui. Les humains vivent dans le monde du signe et pas dans le monde du signal, comme les animaux. Et pour entrer dans le monde du signe, il faut être deux, passer une convention : ceci veut dire cela. Par exemple, le V marqué avec les doigts veut dire « victoire », « j'ai soif » veut dire « j'ai besoin de boire », etc. Et il y a bien sûr l'alphabet, l'écriture, les chiffres. Ce sont ces signes qui nous permettent de communiquer et de tisser des liens avec autrui, qu'ils soient superficiels – avec mon commerçant – ou profonds – avec ma famille.

Plus tard dans la vie, est-il très dommageable d'être privé de liens ?

Ah oui ! On peut aussi en mourir plus âgé. Chez les ados et les adultes, la privation provoque des troubles très graves. Par exemple, les prisonniers en privation sensorielle délirent souvent. Priver un adulte de stimulation sensorielle et le mettre en isolement le coupe de la réalité. Il remplit donc ce vide avec ce qui a imprégné son cerveau par le passé. Il voit resurgir des images, des sons. Le premier à en parler a été le professeur Laborit. C'est d'ailleurs une torture qui a été utilisée par les Soviétiques comme par les Américains. Une jeune femme de ma connaissance, skipper de profession, convoyait des voiliers d'un continent à l'autre. Elle m'a raconté qu'elle devenait très anxieuse en situation de calme plat et qu'il lui est arrivé d'avoir des hallucinations dans ce genre de situation : en l'absence de vent et d'action, elle se retrouvait seule avec elle-même.

En période de confinement, avec ce manque de liens et de contacts, sommes-nous plus exposés aux problèmes d'ordre psychiatrique ?

Ceux qui avaient déjà des troubles sont moins venus aux consultations, ont été moins entourés, et il y a eu beaucoup de rechutes délirantes et avec hallucinations. Pour les autres personnes, les plus fragiles ont décompensé avec des angoisses très rapides. La violence conjugale a été une des premières manifestations de l'isolement. Quarante-huit heures après le début du confinement, le 119 était débordé parce qu'il n'y avait plus l'étayage de la sortie possible, de la marche à pied, de la rencontre apaisante avec autrui. La maltraitance a été l'un des premiers symptômes. Chez les adolescents aussi, les choses ont été difficiles. Aujourd'hui, près de 30 % de cette classe d'âge vont mal... Autant chez les filles que chez les garçons. Quand les liens sont distendus, cela entraîne des souffrances ; quand ils sont mal formés, dans le cas par exemple de la trop grande proximité durant le confinement, cela provoque une pathologie de l'hyperdensité. Pour que le lien soit bien formé, il faut un élan vers quelqu'un puis pouvoir se reposer, se calmer, se retrouver. Les mères, par exemple, doivent pouvoir s'éloigner de temps à autre de leur bébé, faute de quoi elles sont exposées au burn out maternel. Durant le confinement, c'était impossible.

Comment faire pour avoir des liens épanouissants ?

Il y a des facteurs de protection face à la vulnérabilité : famille stable, accès à la parole pour pouvoir exprimer ce qui ne va pas, diplômes, liens amicaux. À l'inverse, une famille instable et la précarité sociale entraînent stress permanent, trauma, maladie. À cet égard, le confinement a agi comme un révélateur : les uns l'ont vécu comme un apaisement – ils lisent, écrivent, se remettent à la musique, etc. – alors que les autres se sont retrouvés nombreux dans un petit logement, au milieu du bruit, avec un mauvais sommeil, du stress... Dans ce cas, si on n'a pas de soutien, on se retrouve dans la situation d'isolement affectif et sensoriel dont nous parlions tout à l'heure et avec de véritables traumas dénués de sens. Nous avons besoin de liens, c'est vital pour nous tous, mais ils doivent s'accompagner de la possibilité de nous isoler. C'est le « trop » qui nous affecte : trop de liens nous étouffe, trop d'isolement nous atteint.

RETROUVEZ *GRAND BIEN VOUS FASSE !* EN PODCAST

- **La société du sans-contact.**
- **Toutes vos questions sur l'attachement.**
- **Comment revivre ensemble ?**
- **Pourquoi sommes-nous plus heureux ensemble ?**
- **Comment bien débuter le métier de père ?**
- **Les pères travaillent-ils trop ?**

Aimer et être aimé : des besoins fondamentaux, dès les premières minutes de la vie.

LA FAMILLE, UN LIEN VITAL

Au cours de son développement, le bébé éprouve le besoin vital de se référer à une figure adulte sécurisante. Des liens qui marqueront tout au long de sa vie ses relations futures.

MÈRE/ENFANT : UN LIEN INSTINCTIF ET INDESTRUCTIBLE ?

Le lien mère/enfant est le plus archaïque de tous, le plus animal, celui qui semble aller de soi : il suffit d'observer une femme enceinte ou une mère avec son enfant pour s'en persuader... C'est du moins le sentiment qui nous vient spontanément à l'esprit. Pourtant, s'il est fondateur, ce lien-là n'est pas toujours aussi simple et pèse de tout son poids sur notre vie.

« Ma mère m'embrassait et me regardait avec cette flamme de fierté et de triomphe dans les yeux dont je me souviens si bien. » C'est ainsi que Romain Gary évoque, avec tendresse et profondeur, l'amour inconditionnel de sa mère dans *La Promesse de l'aube*. Et le romancier de s'empresser d'ajouter : « Avec l'amour maternel, la vie vous fait à l'aube une promesse qu'elle ne tient jamais. »

En deux phrases, le romancier a posé toute l'ambiguïté du lien mère/enfant : un lien immense, indéfectible... mais qui, s'il ne laisse pas à la fille ou au fils la place de s'épanouir, peut devenir une entrave. Romain Gary a souffert toute sa vie de cette attente d'amour qui, bien sûr, ne pouvait être comblée par aucune femme... Cette relation fondatrice a suscité l'intérêt de disciplines scientifiques comme la médecine et la biologie, de sciences humaines (philosophie, sociologie, psychologie), de la psychanalyse et bien entendu (ô combien !) de la littérature. De François Villon à Charles Baudelaire et bien d'autres, y compris dans le domaine de la chanson (la bouleversante chanson d'Arno *Dans les yeux de ma mère* en est un très bel exemple), la poésie rend hommage au lien maternel. Alfred de Musset, à quatorze ans, écrit un petit poème qui, s'il n'est sans doute pas son meilleur, dit toute l'importance que sa mère a pour l'adolescent.

Albert Cohen, l'auteur déjà âgé du célébrissime *Belle du Seigneur*, a écrit un bouleversant petit *Livre de ma mère* (Actes Sud) dans lequel il dit son chagrin et son regret d'avoir perdu sa mère et de ne pas avoir su l'aimer assez lorsqu'elle était en vie.
Les liens entre mère et enfant sont donc au centre des relations humaines. Ce qui n'en fait pas pour autant un lieu de délices, un paradis : il serait absurde de peindre l'attachement maternel et filial sous des traits idéaux. Comme toutes les relations humaines, les liens mère/enfant sont sujets à l'ambiguïté, à la violence ou à la détestation. Les mères abusives ou violentes, voire infanticides (la figure de Médée hante la littérature), bourreaux – et l'on pense à la Folcoche de *Vipère au poing* d'Hervé Bazin –, perverses, abandonnantes ou simplement pas à la hauteur, témoignent de l'autre versant du lien maternel, de sa face sombre, dont il est tout aussi difficile de s'extraire que d'un amour éperdu. « Toi qui as déjà tant souffert pour nous faire souffrir, tu te moques bien de ce que je te réserve, pourvu que mûrisse ce que je me réserve à moi-même. La mentalité que j'arbore, hissée haut par le drapeau noir, tu en as cousu tous les plis, tu les as teints et reteints dans le meilleur jus de pieuvre. J'entre à peine dans la vie et, grâce à toi, je ne crois plus à rien ni à personne[1]. » Quoi que nous fassions, d'où que nous venions, notre histoire avec notre mère est centrale, elle nous constitue.

Quand le cerveau nous aide à nous attacher

La biochimie a son mot à dire – et comment ! – dans le lien mère/enfant. L'ocytocine, souvent appelée « hormone de l'amour », joue un rôle essentiel dans l'émergence des comportements maternels. Produite dans le cerveau par

1. Hervé Bazin, *Vipère au poing*, Le Livre de Poche, 1972.

À MA MÈRE

[...] Arrive-t-il quelque bonheur,
Vite, à sa mère on le raconte :
C'est dans son sein consolateur
Qu'on cache ses pleurs ou sa honte.
A-t-on quelques faibles succès,
On ne triomphe que pour elle
Et que pour répondre aux bienfaits
De la tendresse maternelle.

Alfred de Musset

l'hypothalamus, elle est sécrétée ensuite par une glande appelée hypophyse. Cette hormone permet, comme l'explique Ron Stoop, professeur au Centre de neurosciences psychiatriques à l'université de Lausanne, les premiers moments de la vie du bébé : « Son relâchement dans la circulation sanguine favorise l'accouchement (par le déclenchement des contractions utérines) et la montée de lait. » C'est aussi l'ocytocine qui entraîne le processus de l'attachement de la mère à son enfant : « Dès que je l'ai vue, je l'ai reconnue », raconte Gloria, toute jeune maman, en évoquant la naissance de sa petite fille. Cette impression joue un rôle important : en ayant le sentiment que son enfant est familier, en le « reconnaissant », la jeune femme se l'approprie, mettant ainsi en place les conditions psychologiques d'un lien qui la pousse à veiller au bien-être et au développement du bébé. La nature fait bien les choses : dès la naissance, la proximité avec le nouveau-né et le contact de celui-ci avec le sein augmentent le taux d'ocytocine dans le sang maternel, ce qui renforce l'attachement mutuel. La jeune maman se trouve dans une disposition particulière (le *caregiving*, le « prendre soin ») qui la rend sensible aux signaux de son enfant. Recherche de proximité, sourires émerveillés, regard attentionné, langage enfantin caractérisent cette attitude maternelle. Mais il arrive que ces comportements n'aillent pas de soi. L'histoire de la mère et le contexte social et culturel peuvent favoriser, ou non, leur émergence. De son côté, l'enfant met en place toute une série de comportements (pleurs, cris, mimiques, etc.) afin d'éveiller l'attention de sa mère et de recevoir les soins nécessaires à sa survie. Dans cette tâche de séduction, il est aidé par la biologie : « Les adultes humains sont pourvus de circuits perceptifs particuliers, réceptifs au charme des bébés, décrit Blaise Pierrehumbert, docteur en psychologie et auteur de plusieurs ouvrages[1] sur le sujet. Certaines caractéristiques du corps et du visage du bébé (front bombé, grands yeux, joues rebondies, etc.) entraînent un sentiment de “mignon” » qui nous pousse (c'est le cas pour tous les mammifères) à nous occuper du bébé, tout comme nous sommes « programmés » pour réagir aux pleurs d'un nourrisson.

1. Dont *Le Premier Lien - théorie de l'attachement*, Odile Jacob, 2003.

Plaisir et récompense

Au fil du temps, des liens se tissent. Des études ont apporté la preuve que l'amour maternel active des zones cérébrales spécifiques. Grâce à l'IRM, les neurosciences ont montré que le système de récompense (ou dopaminergique) dans le cerveau « s'allume » lorsqu'on montre à une mère une photo de son enfant, ce qui n'est pas le cas lorsqu'il s'agit d'un enfant inconnu. Le fait même de prendre soin de sa progéniture augmente la libération de dopamine au niveau du noyau accumbens, une zone cérébrale riche en récepteurs de l'ocytocine. « La mère ressent du plaisir et du bien-être quand elle s'occupe de son enfant, ce qui l'encourage à reproduire ces gestes apaisants », confirme Blaise Pierrehumbert. Conséquence : les comportements maternels sont renforcés et la survie du bébé assurée.

Si l'ocytocine facilite la tendresse et l'intimité avec l'enfant, elle serait aussi liée à l'agressivité et à la peur. Chez le rongeur, elle favorise la proximité avec les petits et le rejet des inconnus. Dans l'étude citée plus haut – où les mères font face à des photos d'enfants –, l'ocytocine induit par ailleurs une inhibition des zones cérébrales (l'amygdale, notamment) qui régulent la peur. Celle-ci est alors remplacée par une agressivité maternelle qui permet à la jeune mère de protéger ses petits contre d'éventuels prédateurs. Double rôle donc pour l'ocytocine : renforcement de l'attachement et développement de comportements d'agressivité envers ce qui pourrait menacer le bébé. Et c'est vrai pour tous les mammifères, il suffit pour s'en persuader d'observer une vidéo d'une mère ourse : malheur à celui qui se mettrait en travers du chemin des oursons...

Comment se construit le lien maternel ?

Nous sommes des êtres biologiques, certes. Mais nous sommes aussi des êtres de culture. Les fondements biologiques de l'amour maternel ne déterminent pas tout, loin de là. Blaise Pierrehumbert le confirme : « Une mère ne devient mère que sous le regard de l'autre (sa propre mère, son conjoint, etc.). » Notre société fait de cet amour maternel un « impératif », regrette le psychologue. Or ce sentiment n'est pas toujours immédiat : « Il peut venir avec retard, il ne faut pas dramatiser ni culpabiliser les jeunes mères qui ne le ressentent pas tout de suite », prévient-il. L'amour maternel, si puissamment valorisé aujourd'hui, ne serait, aux yeux du spécialiste, pas essentiel, même si c'est un plus. La survie du « petit d'homme » et son éducation peuvent en effet être assurées par un adulte autre que la mère biologique, et donc en l'absence des processus hormonaux liés à la naissance. Dans le cas de l'adoption, par exemple, le parent va apporter les soins nécessaires à l'enfant, s'y attacher et l'aimer, même si l'ocytocine n'entre pas en jeu de la même façon qu'avec une mère biologique. On sait néanmoins que le taux de cette hormone s'élève aussi lors des contacts avec tout enfant, même s'il n'y a pas de lien du sang. Car, à la différence d'autres espèces animales, l'être humain bénéficie d'une grande plasticité, conclut le spécialiste : « Quand une modalité est différente, l'humain s'adapte. Une brebis qui ne sent pas l'odeur de son petit ne s'en occupera pas, ce n'est pas le cas chez l'homme. »

L'amour et le sentiment de sécurité sont essentiels pour bien grandir

Pour réguler ses émotions, se sentir apaisé et s'ouvrir au monde, l'enfant a donc besoin d'une base de sécurité émotionnelle, qu'il va rechercher auprès de sa figure d'attachement, en principe la mère. La question de la sécurité de ce lien est au cœur de la théorie de l'attachement, élaborée en 1969 par John Bowlby, un médecin psychiatre britannique. Une théorie qui a donné lieu à de nombreux développements. Au départ, elle explorait la relation entre l'enfant et sa mère, mais elle s'est élargie aux autres figures d'attachement potentielles (le père, l'éducateur ou éducatrice principal de l'enfant, par exemple).

> « Un attachement "sécure" avec la mère (ou les deux parents) donne à l'enfant de meilleures chances dans son développement social et émotionnel. »

Lorsque la relation permet à l'enfant de se sentir en sécurité, il trouve, en cas de stress, l'apaisement auprès de son parent. Une fois rassuré, il repart explorer son environnement. Quand cette sécurité fait défaut, l'enfant peut se montrer indifférent et passif avec l'adulte – il sait d'expérience qu'il ne peut pas compter sur lui pour être rassuré – ou, au contraire, exprimer ses émotions de manière très bruyante pour attirer malgré tout son attention. Il peut aussi se montrer ambivalent, en recherchant le contact puis en l'évitant, ne sachant pas comment obtenir l'apaisement dont il a besoin. Cette expérience de sécurité primitive est, semble-t-il, fondamentale dans le devenir de l'individu, explique Blaise Pierrehumbert : « Un attachement "sécure" avec la

Toutes vos questions sur...

UN LIEN DÈS LA GROSSESSE

Pas besoin d'échographie : les mères savent à quel point des liens se nouent entre elles et le futur bébé durant la grossesse. Impossible d'ignorer les effets physiques de cet état : prise de poids, nausées, fatigue, tout concourt à signaler la présence d'un embryon. Biologiquement, grâce au placenta, mère et fœtus communiquent en permanence : sang maternel, nutriments et oxygène, la symbiose est totale. À tel point que des cellules du bébé peuvent demeurer dans le sang ou les organes maternels. Ce phénomène, le microchimérisme fœtal, fait l'objet d'études aux conclusions contradictoires : certaines concluent à des effets bénéfiques pour la mère (en particulier dans la cicatrisation ou la lactation), d'autres aux risques que les cellules fœtales feraient courir à l'organisme maternel (diabète, tumeurs...)[1]. Cette fusion fait sans doute de la relation mère/enfant l'archétype du lien humain.

La grossesse change les femmes du point de vue psychique : peu à peu, la place de l'enfant futur se fait dans l'esprit. Représentations (que les psychologues appellent « l'enfant idéal » lorsque la grossesse est désirée), dialogues, rêves... La psychiatre et psychanalyste Monique Bydlowski nomme « le regard vers l'intérieur de soi » ce lien qui s'installe tout au long des neuf mois de la grossesse, préparant et facilitant l'épanouissement du lien de la mère avec le bébé à sa naissance. L'enfant reste un inconnu familier et désiré. Ce « pré-amour » se développe à mesure que les mois passent. Cet « objet intérieur », dit Monique Bydlowski, « pendant l'état de grossesse s'incarne : il a un volume, celui du ventre qui s'arrondit, du fœtus qui pousse inexorablement de l'intérieur. La perception des premiers

1. lucperino.com, 2020.

mouvements actifs donne à penser qu'un objet est là ; il veille ou sommeille, mais ne se laisse pas oublier. » « Les relations précoces mère/enfant commencent au début de la grossesse physique mais font déjà partie de ce que certains appellent la grossesse psychique, autrement dit le "désir d'enfant" », insiste Jean-Pierre Relier, pédiatre spécialiste de néonatalogie[1].

1. Dans *Santé Magazine*, 27 juillet 2015.

mère (ou les deux parents) donne à l'enfant de meilleures chances dans son développement social et émotionnel. »

L'instinct maternel, un mythe qui a la vie dure ?

Durant des millénaires, une idée largement partagée voulait que la destinée des femmes fût d'être mères (sans enfants, une femme était « incomplète », pas une « vraie » femme, donc) et que, de plus, cette vocation fût inscrite dans leur nature : la maternité était un instinct, exactement à l'instar de la peur ou de la marche... Cette croyance, radicalement combattue par les féministes – dont, au premier chef, Simone de Beauvoir dans *Le Deuxième Sexe*, puis par Élisabeth Badinter dans *L'Amour en plus* –, a longtemps perduré mais n'a pas toujours existé : si l'amour maternel et les liens des mères avec leurs enfants sont une réalité, il n'en a été que peu ou pas question jusqu'au XIXe siècle. « À parcourir l'histoire des attitudes maternelles, écrit Élisabeth Badinter, naît la conviction que l'instinct maternel est un mythe. Nous n'avons rencontré aucune conduite universelle et nécessaire de la mère. Au contraire, nous avons constaté l'extrême variabilité de ses sentiments, selon sa culture, ses ambitions ou ses frustrations. Comment, dès lors, ne pas arriver à la conclusion, même si elle s'avère cruelle, que l'amour maternel n'est qu'un sentiment et comme tel, essentiellement contingent. Ce sentiment peut exister ou ne pas exister ; être et disparaître. Se révéler fort ou fragile. Privilégier un enfant ou se donner à tous. Tout dépend de la mère, de son histoire et de l'Histoire. Non, il n'y a pas de loi universelle en cette matière qui échappe au déterminisme naturel. L'amour maternel ne va pas de soi. Il est "en plus". » L'anthropologue Françoise Héritier, grande spécialiste des relations familiales, observait pour sa part dans une interview donnée à *Psychologies* : « Faire un enfant est à la fois le fruit de la volonté de se reproduire, c'est-à-dire de transmettre la vie, et la nécessité (et donc la volonté qui l'accompagne) de protection. Dans l'espèce humaine, lorsqu'un enfant naît, compte tenu de sa particulière fragilité et d'une certaine lenteur de développement, celui-ci ne peut pas être autonome avant, au minimum, l'âge de sept ans. Ce qui suppose un temps de dépendance totale extrêmement long par rapport à d'autres espèces animales. C'est donc de cette rencontre entre la volonté de se reproduire et la nécessité de protection que peuvent se développer des relations entre la mère et son bébé, relations qui sont marquées par des affects très forts. Mais qui ne relèvent pas de l'instinct[1]. »

Comment s'attache-t-on ?

Le lien mère/enfant est donc, comme tout lien affectif entre les humains, un phénomène complexe, fluctuant, fort et fragile, qui se noue en fonction de l'histoire personnelle, familiale et sociale de chacune. La psychanalyste Catherine Vanier explique : « Cet amour maternel n'est donc pas inné, mais pour autant, il ne s'apprend pas. On le porte en soi, ou non. Le plus souvent à notre insu, et en fonction de notre histoire personnelle. Il se construit dès l'enfance, jusqu'au

1. www.psychologies.com (9/05/2017).

moment de la grossesse, et encore après. Si une mère éprouve des difficultés à être en lien avec son bébé, il faut qu'elle s'interroge, qu'elle se demande pourquoi, qu'elle visualise les obstacles pour pouvoir les surmonter. Il n'y a pas de mauvaise mère, cela n'existe pas. Il n'y a que des mères empêchées par leur propre histoire, par ce qui ne s'est pas – ou trop – inscrit chez elles ; des mères qui n'y arrivent pas. »

Et peut-il s'éloigner à un moment ?
La proximité étroite de la mère avec son enfant, indispensable dans les premiers mois et les premières années de la vie, doit progressivement se défaire pour permettre l'individuation et l'autonomie de l'enfant puis de l'adolescent. Un processus qui se déroule le plus souvent sans trop de heurts... D'ailleurs, la biologie, encore une fois, se mêle de l'affaire et l'arrivée de la puberté déclenche chez les humains (comme chez tous les primates) le besoin de s'éloigner, d'élargir le cercle des relations sociales en dehors de la sphère familiale et particulièrement maternelle. Il semblerait que les odeurs corporelles des adolescents se chargeraient d'éloigner les parents de leurs enfants : en effet, entrer dans une chambre d'adolescent non aérée suffit à faire reculer les parents... ! En tout cas, l'éloignement est nécessaire. Le lien doit se modifier et passer progressivement à un mode plus distant, sur les plans tant physique que psychique. Ce remaniement de la relation ne va pas toujours de soi : il peut devenir sujet de conflits, de souffrances de part et d'autre. Les histoires de mères méditerranéennes (Ah ! la *mamma* italienne ou la *madre* espagnole

chez qui les enfants – surtout les fils ! – continuent de venir prendre leurs repas jusqu'à l'âge adulte...) ou de mères juives incapables de lâcher leur progéniture ont la vie dure et traduisent probablement des expériences personnelles... Quoi qu'il en soit, le nombre d'articles et d'ouvrages sur le « syndrome du nid vide », c'est-à-dire cette dépression qui succède au départ des enfants, est sûrement significatif. L'écrivaine belge Lydia Flem analyse parfaitement ce sentiment dans son livre *Comment je me suis séparée de ma fille et de mon quasi-fils*[1] : « Comment faire la paix avec cette partie de soi qui freinait des quatre fers en voyant son enfant s'éloigner, même et surtout si c'était une autre moitié de soi qui l'y avait encouragé ? » Bien avant elle, la marquise de Sévigné a aussi, à travers ses lettres à sa fille adorée, « exilée » à Grignan, évoqué cette difficile rupture : « Pour moi, il me semble que je suis toute nue, qu'on m'a dépouillée de tout ce qui me rendait aimable. Je n'ose plus voir le monde, et quoi qu'on ait fait pour m'y remettre, j'ai passé tous ces jours-ci comme un loup-garou, ne pouvant faire autrement. Peu de gens sont dignes de comprendre ce que je sens[2]. » Pourtant, si douloureuse soit-elle, cette étape indispensable et inévitable permet la métamorphose du lien maternel avec son enfant en un lien adulte et indéfectible... dans le meilleur des mondes possibles !

---

1. Lydia Flem, *Comment je me suis séparée de ma fille et de mon quasi-fils*, Seuil, 2009.
2. Madame de Sévigné, *Lettres*, Garnier-Flammarion, 1976.

LA NOUVELLE FIGURE DU PÈRE

Loin du père sévère et lointain, autorité souveraine (« Tu vas voir, quand ton père rentrera... »), figure du Commandeur héritée de l'Antiquité, une figure paternelle nouvelle se dessine. Ces pères-là s'occupent de leurs enfants et sont désormais partie prenante de l'éducation. Les liens se resserrent. Jusque dans les années soixante-dix (et même un peu au-delà), les pères nouaient avec leurs enfants, quelle que soit l'affection qu'ils éprouvaient, des relations assez lointaines, héritage direct de l'organisation patriarcale de la société : le père travaille, nourrit sa famille et incarne la justice et l'autorité. Il est l'interface entre la société et la famille tandis que la mère, au foyer, s'occupe de l'éducation et des soins, dispense la tendresse. Une vision caricaturale, bien entendu, mais qui vient en droite ligne du *pater familias* latin et a perduré des siècles à travers toute l'Europe occidentale (voir le Code Napoléon) : les femmes sont d'éternelles mineures (rappelons que jusqu'en 1965 elles devaient avoir l'autorisation de leur époux pour ouvrir un compte en banque) et les enfants la propriété du père, qui a toute autorité sur eux. Dans notre imaginaire, la figure de l'ogre du Petit Poucet de Charles Perrault a longtemps tenu le premier rôle... tout comme le souvenir des pères de Molière mariant les filles et décidant de l'avenir des fils. Ce masque social n'a pourtant jamais empêché l'amour paternel le plus intense, dont certains exemples sont célèbres : le baron Jacques Necker et sa passion pour sa fille Germaine, future Madame de Staël[1], Victor Hugo qui a

1. Jean-Denis Bredin, *Une singulière famille. Jacques Necker, Suzanne Necker et Germaine de Staël*, Fayard, 1999.

proclamé et chanté son amour pour ses quatre enfants – et en particulier ses filles, dont la très chérie Léopoldine – et de ses petits-enfants... Et comment ne pas évoquer *Le Cavalier suédois*[1], le merveilleux roman de Leo Perutz, et l'amour du héros pour sa petite fille, qui est au cœur du livre ? Mais l'attendrissement paternel n'allait pas jusqu'à prodiguer des soins aux petits – ce n'était pas non plus, d'ailleurs, le rôle des mères dans les milieux où les tâches quotidiennes étaient dévolues aux domestiques.

Le père tout-puissant

C'est dans cette configuration sociale que Sigmund Freud a réfléchi à la fonction du père dans l'inconscient. Au sein de la relation père/enfant il existe deux notions centrales : le complexe d'Œdipe (la rivalité de l'enfant avec le parent du même sexe pour conquérir l'amour du parent du sexe opposé, la mère pour les garçons, le père pour les filles) et la fonction de tiers séparateur du père, qui intervient pour défusionner la relation de la mère et de l'enfant.

Dans la vie quotidienne contemporaine, le père noue des liens bien différents avec ses enfants. La vie des femmes a considérablement évolué depuis cinquante ans, entraînant une modification profonde du rôle du père. Dans les années cinquante et soixante, les psychologues se posaient la question des conséquences du travail maternel sur les enfants, une préoccupation qui n'interrogeait que... le modèle lui-même. Le féminisme a fait éclater ces représentations et bouger les rôles parentaux. On parle désormais davantage de coparentalité, d'autant plus que d'autres types de parenté sont apparus : parents isolés, homosexuels, beaux-parents...

---

1. Leo Perutz, *Le Cavalier suédois*, traduction de Martine Keyser, Libretto, 2011.

Comment bien commencer le métier de père ?

Aujourd'hui, selon le joli mot de Jean Le Camus, professeur émérite de psychologie à l'université de Toulouse-Le Mirail, la paternité change, elle connaît un nouveau printemps. Les pères, désormais, prennent toute leur place auprès de leurs enfants. Le congé paternité, accordé à la naissance d'un enfant, passe à vingt-huit jours en juillet 2021. 80 % des pères salariés prenaient la totalité de leur congé jusqu'à cette réforme. Seront-ils aussi nombreux désormais ? Il est difficile de le savoir, mais c'est probable. « Les femmes-mères, écrit Jean Le Camus[1], revendiquent "l'égalité des sexes" et, de gré ou de force, les hommes-pères sont de plus en plus conduits à progresser vers la mise en application de cet objectif. »

La modification des structures familiales reconsidère en profondeur les modèles et la place des pères.

La modification des structures familiales, l'augmentation importante du nombre des familles recomposées, du nombre des divorces et des séparations, les familles homoparentales ou monoparentales reconsidèrent en profondeur les modèles et la place des pères. Deux types de conséquences apparaissent. D'abord la dilution de la

1. Jean Le Camus, *Le Vrai Rôle du père*, Odile Jacob, 2000, p. 23.

présence paternelle : selon une étude de l'INED[1], un enfant sur dix ne voit plus son père qu'épisodiquement après le divorce ou la séparation de ses parents, et la situation s'aggrave avec le temps. L'autre conséquence, paradoxalement, est l'apparition d'un plus grand désir d'être présent auprès de l'enfant dans la vie quotidienne. Désir souvent accompagné d'une nécessité économique. Les mères travaillent, les pères doivent partager et assurer la prise en charge, sans parler du chômage qui les contraint à rester à la maison, au moins pour un temps. Un livre récent d'Alexandre Lacroix[2] analyse et décrit cette nouvelle manière d'être père. « Au sens le plus exact du terme, mes enfants auront été ma vie d'adulte, la paternité mon destin. Je l'ai subi et je lui ai fait confiance, il m'a terrassé et il m'a agrandi. » Et il ajoute, évoquant à l'antenne de *Grand bien vous fasse !* le 16/09/2020 son expérience de très jeune père disponible : « J'ai passé des heures et des heures avec eux, au square, à l'heure où tout le monde va travailler. Ce n'était pas toujours drôle, mais les enfants vous rendent le monde une deuxième fois. » Il insiste en cela sur la réciprocité de la relation père/enfant et la chance pour le père d'observer la vie à travers les yeux de son enfant. C'est bien là que se trouve le renouveau de la fonction paternelle et du lien qui se construit. En regagnant la sphère domestique, les pères se rapprochent des enfants, les prennent dans leurs bras, les écoutent, les observent. « C'est un peau à peau », témoigne Alexandre Lacroix.

Christine Castelain Meunier, sociologue et autrice de *L'Instinct paternel*[3], souligne le passage du « papa poule » des années quatre-vingt, encore vu comme un phénomène, à une paternité relationnelle acceptée, même si elle n'est

1. INED-INSEE, 2005.
2. Alexandre Lacroix, *La Naissance d'un père*, Allary, 2020.
3. Christine Castelain Meunier, *L'Instinct paternel*, Larousse, 2019.

pas encore à égalité avec la relation maternelle. « Il s'agit aujourd'hui d'une négociation des places et des rôles en fonction des possibilités et des envies[1]. » La fonction paternelle se renouvelle. La virilité retrouve son sens étymologique et devient force de vie. Désormais, les jeunes pères assistent à la naissance, soignent leurs enfants, participent à l'éducation, à la surveillance des devoirs... Un lien plus étroit, plus tendre, plus intime est en construction. « Dès que j'ai eu mon fils dans les bras, je me suis senti naturellement et complètement père, raconte Olivier, jeune papa de trente ans. Il se passe quelque chose entre nous d'indescriptible quand je le câline, quand je joue avec lui. J'ai eu envie de faire le contraire avec lui de ce qui s'est passé entre mon père et moi. J'ai envie d'être le meilleur papa du monde. »

Homme et femme sont-ils égaux face à l'attachement ?

Les travaux sur l'attachement de Mary Ainsworth sont désormais célèbres. D'autres études[2] ont montré que, lorsque l'enfant se trouve avec sa mère, son père et une personne étrangère, le départ de cette dernière ne suscite aucune réaction, alors que le départ de la mère et du père « est suivi d'une protestation intense » et de pleurs. Ces travaux et beaucoup d'autres ont prouvé que la présence et l'attachement au père sont centraux même si, en cas de détresse, c'est de préférence vers la mère que l'enfant se tourne, mais cette préférence serait due au fait qu'aujourd'hui encore ce sont surtout les femmes qui rassurent,

1. Alexandre Lacroix, « Qu'est-ce que l'instinct paternel ? », *Grand bien vous fasse !* le 16/09/2020.
2. Voir notamment G. Ross *et al.*, « Separation protests in infants in home and laboratory », *Developmental Psychology*, n° 12, 1975, cité dans J. Le Camus, *op. cit.* note 3, p. 76.

consolent et câlinent, et non à une différence sexuée dans l'attention et l'affection. Des chercheurs ont comparé les réactions physiologiques de mères et de pères face à des bébés (pas les leurs) en train de pleurer : le rythme cardiaque des personnes des deux sexes s'accélérait, et toutes ont déclaré ressentir un malaise et du stress en entendant les cris des enfants... Aucune différence. Homme et femme sont donc capables de nouer les mêmes liens, de s'occuper de leurs enfants avec la même implication.

Pour le psychologue Bruno Humbeek, « nous sommes très loin du père castrateur. Les pères aujourd'hui participent à la construction d'une culture nouvelle[1] ». C'en est fini de la répartition rigide des codes de l'attachement : la tendresse pour la mère, la sévérité et l'éducation pour le père. S'instaure une sorte de courant alternatif moins brutal, plus ouvert sur le monde, « y compris avec deux papas », souligne le psychologue, n'oubliant pas le cas des familles homoparentales. « Ne parlons plus d'instinct maternel ou paternel, mais d'instinct parental », ajoute-t-il. « Laissez-nous de la place pour être pleinement des pères », conclut un auditeur de *Grand bien vous fasse !*

Pour les enfants, le lien paternel de proximité est porteur d'un grand sentiment de sécurité; c'est aussi une stimulation qui pousse à se tourner vers l'extérieur, à explorer le monde. Jean Le Camus note : « L'observation des bébés d'un an qui fréquentent la piscine collective de l'Association toulousaine des bébés dauphins a montré que les comportements d'exploration de l'environnement et les comportements d'affirmation de soi étaient plus fortement corrélés avec les comportements de stimulation des pères qu'avec ceux des mères. Même si les deux parents ne se différencient

1. « Qu'est-ce que l'instinct paternel ? », *Grand bien vous fasse !* le 16/09/2020.

pas tellement par la fréquence de leurs actes de stimulation, tout se passe comme si les enfants étaient plus sensibles à l'activation initiée par les pères qu'à celle initiée par les mères[1]. » On peut poser la question de la reconnaissance des enfants eux-mêmes dans cette relation : attendraient-ils ou solliciteraient-ils la stimulation paternelle ? En tout cas, si les pères contemporains occupent symboliquement la même place de « séparateurs » qu'autrefois, leurs liens avec leurs enfants se sont approfondis, ouverts à l'expression de l'affection et de la tendresse... Bien entendu, les conflits, les contradictions et la violence existent – il suffit, hélas, de voir les chiffres effarants de l'inceste : un enfant sur dix en serait victime, et ces crimes sont commis à 98 % par les hommes – mais le mouvement est en marche. Pour le plus grand bénéfice des enfants, des hommes et des femmes.

1. J. Le Camus, *op. cit.* note 3, p. 136.

Toutes vos questions sur…

LE BON USAGE DE LA DÉPENDANCE

Dès l'enfance et tout au long de notre existence, depuis l'instant où nous lâchons la main de nos parents pour commencer à marcher jusqu'au moment de quitter la maison familiale pour entamer une vie d'adulte, nous apprenons à nous débrouiller seuls… Ce qui peut nous sembler le but même de toute éducation se met pourtant en place sur une apparente contradiction : c'est bien grâce à la dépendance – à l'égard de nos parents, de notre famille, de nos éducateurs… – que nous acquérons les forces indispensables pour nous élancer dans la vie et en affronter les difficultés. Les travaux du psychiatre John Bowlby et de la psychologue Mary Ainsworth ont montré l'importance fondamentale de l'acquisition, par les petits enfants, d'un lien « sécure » ; ils ont ainsi développé dès 1958 la théorie de l'attachement, sur laquelle s'appuient aujourd'hui encore les études de psychologie comportementale.
Un enfant sécurisé peut se livrer tranquillement à l'exploration de son environnement, et plus tard du monde, et établir des relations apaisées. Cette constatation centrale fonde nos interactions sociales : si nous n'avons pu bénéficier de cette tranquille assurance, ce manque nous poursuivra toute notre vie, nous exposant à la dépendance affective ou au contraire à l'évitement. Mais rien n'est jamais perdu, et même à l'âge adulte il est possible de recourir à des solutions permettant de retrouver une paisible dépendance vis-à-vis de nos proches, de nous saisir de notre vie sans attendre des autres qu'ils nous apportent l'assurance qui nous manque. Dépendre pour être libre, c'est ce qu'explique la psychologue Rebecca Shankland.

« PLUS L'ATTACHEMENT EST FORT, PLUS IL PERMET LE DÉVELOPPEMENT DE L'AUTONOMIE. »

L'éclairage de Rebecca Shankland

Avec le psychiatre – et chroniqueur à *Grand bien vous fasse !* – Christophe André, Rebecca Shankland, psychologue clinicienne et maître de conférences à l'université Pierre Mendès-France de Grenoble, a publié *Ces liens qui nous font vivre* (Odile Jacob), un essai sur leur nécessité. Nous avons un besoin vital des autres. Un vrai paradoxe dans une société où l'indépendance est célébrée comme une vertu !

Rebecca Shankland, pourquoi l'interdépendance nous est vitale, alors que notre société prône l'autonomie et l'indépendance dès le plus jeune âge ?

Notre culture valorise fortement l'autonomie et l'indépendance, parfois comprises comme la capacité de ne pas dépendre des autres, donc de pouvoir tout assumer seul. Or, ce que montrent les études, c'est qu'à force de chercher à tout assurer seul, au travail comme en famille, on risque de s'épuiser. On observe ainsi de plus en plus de burn out au travail (près d'un tiers des enseignants, par exemple !) et de burn out parentaux. C'est une découverte faite récemment par des collègues de l'université de Louvain-la-Neuve, en Belgique, Isabelle Roskam et Moïra Mikolajczak[1], qui ont mis en évidence que les parents présentant un degré très élevé d'exigence envers eux-mêmes, qui cherchent à tout assumer comme des parents « parfaits », risquent d'épuiser leurs ressources et n'osent pas demander de l'aide. Or, selon un dicton, il faut tout un village pour élever un enfant ! Les humains ont toujours surmonté les difficultés grâce à l'entraide et à la possibilité de compter sur d'autres personnes. Un individu ne peut posséder toutes les compétences et ressources nécessaires pour réaliser les multiples tâches qui lui incombent au quotidien ; on peut s'en réjouir, finalement, car ce qui nous rend le plus heureux dans l'existence, ce sont les relations aux autres. C'est cela que nous développons dans notre ouvrage sur l'interdépendance positive : nous considérons souvent l'interdépendance sous l'angle de ce qui nous pèse (dépendre de collègues que l'on trouve plus lents pour finaliser un dossier, par exemple), rarement sous l'angle de ce qu'elle nous apporte de positif. Or, interagir avec les autres – nous le constatons en période de confinement avec la raréfaction des relations directes – donne du sens à notre existence et nous motive pour agir. À nous de cultiver cette façon de considérer l'interdépendance, afin qu'elle apporte des bienfaits à chacun.

1. M. Mikolajczak, M. E. Brianda, H. Avalosse et I. Roskam, « Consequences of parental burnout: Its specific effect on child neglect and violence », *Child Abuse and Neglect*, 80, 2018, p. 134-145.

Comment définissez-vous un bon attachement ?

Un attachement constructif est un attachement qui offre une base de sécurité où l'on peut se ressourcer et rechercher de l'aide en cas de besoin. Par exemple, lorsqu'un invité vient à la maison, un enfant qui a développé un attachement sécurisé pourra se tourner vers ses parents s'il éprouve une petite inquiétude, puis, rassuré, faire connaissance avec cette nouvelle personne. Les travaux de John Bowlby et de Mary Ainsworth[1] nous ont montré les différents types d'attachement qui nous constituent. Lorsque cette base de sécurité fait défaut, cela augmente le niveau de stress et nous pousse à toujours puiser dans nos ressources sans pouvoir compter sur celles de nos proches. À force, cela entraîne un déséquilibre entre les événements stressants et les ressources personnelles sollicitées, et peut entraîner un burn out ou d'autres troubles anxieux et dépressifs.

À l'inverse, de votre point de vue, qu'est-ce que la dépendance affective ?

La dépendance affective, c'est l'incapacité à se séparer de l'autre. Cette perte totale du sentiment d'autonomie par rapport à l'autre devient problématique lorsque l'attachement n'est pas sécurisant. C'est une source de souffrance qui peut se transformer en dépendance, en addiction à un produit, comme avec l'alcool ou la nourriture. L'enfant ou le partenaire développe alors des angoisses qui génèrent un stress supplémentaire au lieu d'avoir un effet apaisant. Plus la personne est angoissée, plus elle cherche du réconfort auprès de l'autre, mais cette quête insistante entraîne à son tour des craintes de la part du parent ou du partenaire, qui cherche à préserver son espace vital et donc rejette l'autre davantage. On tombe alors dans un cercle vicieux : plus la personne cherche à se rapprocher de l'autre, plus celui-ci cherche à la mettre à distance,

1. John Bowlby, *Attachement et perte*, PUF, 2002 et 2007 ; Mary Ainsworth, *Patterns of attachment* (non traduit), Routledge, 2015.

augmentant son besoin de proximité relationnelle. C'est un malentendu bien connu dans les couples en difficulté. Il existe aujourd'hui une approche thérapeutique orientée vers un travail concernant l'attachement au sein du couple, efficace pour sortir de cette impasse : la thérapie centrée sur les émotions. Il s'agit de travailler avec le couple pour offrir dans un premier temps cette base de sécurité à l'autre, avec le degré de proximité relationnelle nécessaire pour rassurer la personne. On explique aux deux partenaires comment fonctionne l'attachement sécurisant, pour l'enfant et dans le couple. Il est alors proposé à chacun d'exprimer ce qu'il ressent et quels sont ses besoins : cela permet à l'autre d'y répondre. Les recherches montrent qu'un attachement sécurisant et fort favorise le développement de l'autonomie, de l'exploration, et donc de la possibilité de vivre pleinement sa vie sans être constamment collé à l'autre. Ces recherches ont été menées à la fois chez l'enfant et chez l'adulte. Ainsi, dans une expérimentation menée auprès de nourrissons, les chercheurs avaient offert un porte-bébé à la moitié des mamans en leur proposant de porter le plus possible l'enfant, tandis qu'à l'autre moitié des mères ils avaient offert un transat en les invitant à y placer l'enfant au lieu de le porter trop souvent. Cette étude[1] a montré que l'enfant porté souvent pendant sa première année développait ensuite des comportements d'autonomie lui permettant de s'éloigner facilement de ses parents pour explorer d'autres pièces et entrer en contact avec des personnes extérieures à la famille. À l'inverse, les bébés qui avaient été placés dans un transat étaient fréquemment moins autonomes.

Plusieurs études[2] menées avec des adultes ont montré que si le partenaire est proche et soutient l'autre en cas de difficulté ou

1. E. Anisfeld, V. Casper, M. Nozyce et N. Cunningham, « Does infant carrying promote attachment? An experimental study of the effects of increased physical contact on the development of attachment », *Child Development*, 61, 1990, p. 1617-1627.
2. B. C. Feeney, « The dependency paradox in close relationships: Accepting dependence promotes independence », *Journal of Personality and Social Psychology*, 92 (2), 2007, p. 268-285.

quand il a un projet à réaliser, le conjoint développe ses propres compétences et ses ressources pour faire ensuite face, seul, à ses difficultés ou mener à bien ses propres projets. La recherche d'une proximité relationnelle ne doit donc pas susciter de crainte : elle offre une sécurité de base permettant de développer son autonomie. Ce mouvement entre attachement et autonomie reste présent tout au long de la vie : l'humain ne devient pas totalement indépendant car il risque alors l'épuisement. Il acquiert de plus en plus de compétences grâce au soutien social qu'il reçoit et sur lequel il sait qu'il peut compter. Sans ce soutien social, il développe un état d'alerte qui entrave son accès à ses propres ressources ainsi que ses possibilités de s'engager dans des projets qui comptent vraiment pour lui.

Qu'est-ce qui fonde l'interdépendance positive, et comment la reconnaît-on ?

C'est assez facile : l'interdépendance apporte des bienfaits aux deux parties et aide à faire émerger le meilleur de chacun. Chaque personne se sent bien dans sa vie, dans ses activités. Par exemple, dans le cas de l'apprentissage, les enseignants ont tout intérêt à proposer aux élèves de travailler en s'appuyant sur l'interdépendance positive : le travail par groupes, où chacun apporte ses propres connaissances, compétences et expériences, permet d'augmenter l'engagement, la persévérance et la motivation, et favorise ainsi la réussite.

Comment construire une interdépendance heureuse, en particulier pour les enfants ?

Une interdépendance positive peut se construire dès le plus jeune âge, en travaillant sur la valorisation de l'enfant (chacun a des compétences, des connaissances, des expériences complémentaires et enrichissantes) plutôt que sur celle de l'indépendance (chacun doit posséder toutes les compétences pour ne plus avoir besoin des autres). Par exemple, au Québec, dès le jardin d'enfants les professionnels proposent aux enfants de travailler ensemble sur des projets communs qui mettent en valeur la complémentarité des compétences et l'importance de pouvoir compter sur l'aide de ses partenaires. Cela contraste avec des formes de pédagogie présentes en France, où l'on préfère que chaque élève réalise seul un travail (comme un exposé) pour s'assurer qu'il maîtrise bien toutes les compétences requises. Le problème, c'est que l'on oublie que la relation est un moteur très puissant pour l'apprentissage. En laissant ce moteur de côté, on se retrouve à devoir « pousser » les élèves, les contraindre à effectuer des tâches qui ne leur font éprouver aucun plaisir, dans lesquelles ils s'engagent à reculons : il en résulte un travail de moins bonne qualité car cette situation ne permet pas de faire émerger le meilleur de chacun.

Et dans le couple ?

Dans le couple, cultiver l'interdépendance positive peut se faire également grâce à un changement du regard sur l'attachement. Celui-ci n'est pas un frein à l'autonomie mais permet au contraire le développement des deux membres du couple. De nombreux travaux dans le champ de la psychologie positive ont mis en évidence l'importance de l'émotion de gratitude pour favoriser ce sentiment de lien social ainsi que les comportements de soutien. Dans le couple, exprimer fréquemment de la gratitude envers son partenaire est une manière de cultiver cette interdépendance positive. Nous signalons ainsi à l'autre que nous avons perçu ses efforts, ses intentions positives, et cela génère un sentiment d'utilité sociale qui augmente le sens de la vie : je compte pour l'autre. Mais les effets de la gratitude ne s'arrêtent pas là : le fait de l'éprouver nous permet de mieux repérer ensuite les événements satisfaisants au quotidien. Cela augmente notre vitalité, diminue le stress, les symptômes anxieux et dépressifs. Nous avons ainsi tout intérêt à cultiver cette émotion en famille, mais aussi au travail.

RETROUVEZ *GRAND BIEN VOUS FASSE !* EN PODCAST

- Qu'est-ce que l'instinct paternel ?
- Êtes-vous le chouchou ou le mal-aimé ?
- Faut-il avoir peur de décevoir ses parents ?
- Tous co-parents.
- Que racontent nos photos de famille ?
- Comment vivent les mères célibataires en 2020 ?
- Comment bien vivre dans une famille nombreuse ?
- Les parents attendent-ils trop de leurs enfants ?

LES LIENS FRATERNELS, INDÉFECTIBLES

Enfant, vous passiez votre temps à vous disputer avec vos frères et sœurs ? Adulte, vous ne pouvez passer plus de quelques jours sans les appeler, ou, au contraire, vous ne les supportez plus ? Rien d'étonnant à cela : les liens fraternels sont parmi les liens humains les plus forts, ils sont ceux qui durent le plus longtemps. En bien ou en mal, nous avons tant partagé : les premières années, essentielles, l'adolescence, les premiers pas dans la vie professionnelle ; nous nous racontons nos amours, nos joies, nos chagrins. Nous rions des mêmes blagues et surtout, bons ou mauvais, nos souvenirs nous sont communs. Impossible de s'en défaire : que nous le voulions ou non, nous en sommes constitués. Et pourtant, longtemps, les relations frères/sœurs ont été les parents pauvres (pardon pour le jeu de mots...) de la recherche psy et des publications sur les relations familiales, plutôt portées sur les relations entre parents et enfants. Ce n'est pourtant pas par manque de littérature : l'un des tout premiers mythes n'est-il pas celui de Caïn et Abel, les frères ennemis ? Et ce thème n'a cessé d'inspirer les auteurs : l'un des plus beaux romans du XIXe siècle, *Le Maître de Ballantrae*, de Robert Louis Stevenson (qui lui-même était fils unique...), met en scène la rivalité terrible de deux frères. Avec une force d'évocation unique, le romancier écossais fait surgir la violence de la relation : « Mr Henry déposa ses cartes. Il se leva très lentement, sans cesser de paraître absorbé en de profondes réflexions.

— Lâche ! dit-il doucement comme à lui-même. Et puis, sans nulle hâte ni violences spéciales, il frappa le Maître sur la bouche.

Le Maître bondit et sembla transfiguré [...].

— Un coup ! s'écria-t-il. Je n'en recevrai pas de Dieu Tout-Puissant !
— Baissez la voix, dit Mr Henry. Voulez-vous donc que votre père intervienne de nouveau en votre faveur ? »
En quelques phrases, le romancier a le génie de faire apparaître la violence et l'ambiguïté de la relation fraternelle : liés par le sang, attachés tous deux à leur père et au domaine, faute de s'aimer (ou bien s'aiment-ils, malgré tout ?) ils réclament l'un et l'autre une reconnaissance paternelle qui jamais ne pourra les satisfaire, qui *n'épuisera* jamais l'attente infantile, le « dis-moi que je suis le préféré ».

Je t'aime, moi non plus

Le lien fraternel est, qu'on le veuille ou non, que l'on adore ou non son frère ou sa sœur, né sous le signe de l'ambivalence : aîné, voici que le cadet vient lui prendre l'amour des parents ; cadet, son aîné sera toujours devant… Le psychiatre Serge Hefez remarquait que « la relation fraternelle confronte les enfants à une dualité : l'autre, cette "étrangère qui me ressemble comme une sœur" est une rivale, une intruse, une semblable dont il faut se différencier. Cette dualité se définit à la fois par l'affection et le conflit, la rivalité et le pouvoir. Bref, par l'incontournable ambivalence. Mais ces rapports peuvent se modifier, contrairement aux places des parents, qui restent davantage fixées du fait de la différence des générations. La jalousie fraternelle est stimulante, car elle conduit à se battre et à se différencier. Les rapports oscillent entre exclusion – "c'est elle ou moi" – et identification – "c'est elle et moi", voire "elle est moi". La violence des passions

La jalousie fraternelle est stimulante, car elle conduit à se battre et à se différencier.

éprouvées conduit aussi bien à la solitude qu'au soutien envers et contre tout, comme le racontent les contes dans lesquels les enfants abandonnés se retrouvent solidaires[1] ». Sigmund Freud est bien sûr de la partie, mettant au jour l'importance fondamentale du complexe d'Œdipe dans la construction du psychisme : l'enfant désire évincer le parent du même sexe que lui afin de prendre sa place auprès du parent du sexe opposé. C'est en raison de ce complexe d'Œdipe que frères et sœurs se retrouvent précocement dans la rivalité, afin d'obtenir la première place dans l'amour parental : il leur faut écarter non seulement le parent rival mais aussi ses semblables, qui lui barrent le chemin vers l'exclusivité du parent aimé. Dans *L'Interprétation du rêve*[2], Freud écrit : « Je ne sais pas pourquoi nous admettons d'avance qu'elles doivent être affectueuses [les relations fraternelles]. Nous connaissons tous des frères ennemis, et nous avons souvent constaté que l'inimitié était apparue dans l'enfance ou durait depuis toujours. Bien des adultes, qui aujourd'hui aiment tendrement leurs frères et sœurs, ont vécu avec eux dans leur enfance sur un pied de guerre continuel. » Lui-même se rappelait : « La naissance d'un frère plus jeune que moi avait suscité en moi de méchants souhaits et une véritable jalousie enfantine[3]. » « Le fantasme du crime fratricide est toujours là, confirme Nicole Prieur, psychothérapeute familiale et philosophe[4]. À l'inverse du lien avec les parents, qui crée une relation éthique (on doit quelque chose aux parents, à commencer par la vie), le lien fraternel est libre de toute dette psychique. Au contraire : l'arrivée du frère ou de la sœur, ou sa simple existence, m'enlève quelque chose. »

1. Sur LeMonde.fr (27 mai 2011).
2. Sigmund Freud, *L'Interprétation du rêve*, Points Seuil, 2013.
3. Sigmund Freud, *La Naissance de la psychanalyse*, lettre n° 69.
4. Nicole Prieur a notamment écrit *Petits règlements de comptes en famille* (Albin Michel, 2009) et, avec Bernard Prieur, *La Famille, l'Argent, l'Amour* (Albin Michel, 2016).

Aux parents de permettre au lien de se construire dans l'affection, en « montrant que ce qui est perdu (ou perçu comme tel) dans le partage va finir par devenir un gain, dans le jeu, dans la complicité et même dans l'union contre les parents » ! Bien entendu, rivalité n'est pas toujours (heureusement) synonyme d'affrontement. La complicité et l'affection sont des socles solides, la solidarité, l'entraide et la proximité forgent des liens inaltérables. Les contes abondent en belles histoires fraternelles (parfois cruelles, mais frères et sœurs y sont unis, y compris dans le malheur) : Le Petit Poucet de Charles Perrault sauve ses six frères et sœurs, Hansel et Gretel ne se quittent pas et la sœur sauve le frère des dents de la sorcière, l'Elisa de Hans Christian Andersen redonne à ses six frères transformés en cygnes leur forme humaine en leur tissant des manteaux d'orties sans laisser transparaître la douleur que lui causent les piqûres (Jusqu'où va l'amour fraternel !). Victor Hugo quant à lui n'a cessé de célébrer l'amour de ses deux filles, Léopoldine et Adèle, lorsqu'elles étaient petites, en particulier dans *Les Contemplations.*

Joseph Joffo a raconté dans *Un sac de billes*[1] comment, enfant, en 1941, il a rejoint la zone libre avec son jeune frère, Maurice. Le livre, adapté au cinéma, a été un immense succès, ce qui montre à quel point le thème fraternel nous est essentiel. Quant à Joseph et Maurice, ils sont restés inséparables jusqu'à leur mort.

Avec le temps...

En ce qui concerne la face plus sombre de la fraternité, Freud pensait que le duel perdait de son intensité avec les années, à mesure que les enfants grandissent. Il n'en est rien : si les sentiments s'apaisent, l'importance du lien demeure. Il est tout sauf indifférent. Rares sont les frères

1. Joseph Joffo, *Un sac de billes*, Le Livre de poche, 1982.

MES DEUX FILLES

Dans le frais clair-obscur du soir charmant qui tombe,
L'une pareille au cygne et l'autre à la colombe,
Belles, et toutes deux joyeuses, ô douceur !
Voyez, la grande sœur et la petite sœur
Sont assises au seuil du jardin, et sur elles
Un bouquet d'œillets blancs aux longues tiges frêles,
Dans une urne de marbre agité par le vent,
Se penche, et les regarde, immobile et vivant,
Et frissonne dans l'ombre, et semble, au bord du vase,
Un vol de papillons arrêté dans l'extase.

Victor Hugo

et sœurs qui passent à une relation « tiède » : elle reste importante dans la vie de chacun, même si les uns et les autres s'éloignent une fois adultes. Nicole Prieur insiste : « Le lien fraternel bouge tout au long de la vie. »
À l'adolescence, tout est exacerbé : les enfants se construisent beaucoup par rapport à leurs pairs. Et les premiers d'entre eux sont les frères et sœurs, qui deviennent

modèle ou repoussoir, ou alternativement les deux. « Je peux détester mon frère qui est plus fort que moi en sport, mais je peux aussi l'admirer pour son allure, sa manière de se coiffer », note Nicole Prieur.
À l'âge adulte, nouveaux changements. La vie en commun au quotidien disparaît et d'autres facteurs entrent en jeu : les choix professionnels, politiques, idéologiques, amicaux et, bien sûr, amoureux. Un exemple frappant et célèbre est celui de la relation tendue entre le prince William et le prince Harry : tout s'est dégradé avec le mariage du cadet, qui cherchait à échapper à l'influence du frère aîné (difficile d'égaler le futur roi d'Angleterre !) et a choisi pour cela d'épouser une femme dont toutes les particularités transgressaient les valeurs de la famille royale : rentière, divorcée, américaine et surtout métisse ! Le cadet n'a vu son salut que dans la fuite.
Lorsque la fratrie prend de l'âge, les relations se modifient encore. Deux étapes charnières marquent cette entrée dans la deuxième partie de la vie : la vieillesse et la possible dépendance des parents, leur disparition suivie de la liquidation de l'héritage. Au moment de l'arrivée du grand âge, chacun des enfants devrait prendre sa part du soutien, du soin et des décisions. Ce n'est pas toujours le cas : tout dépend de la qualité de l'amour filial et des échanges fraternels. Des conflits surgissent fréquemment : ceux qui prennent en charge, ceux qui s'esquivent, ceux qui ne veulent pas voir parce que c'est trop douloureux... Mais le plus délicat demeure la question de l'héritage. L'amour et le lien fraternels sont alors soumis à rude épreuve. « Les conflits non réglés de l'enfance réapparaissent au moment de la mort des parents. C'est ce que j'appelle "la calculette inconsciente" », remarque Nicole Prieur. Et comme l'inconscient ne connaît pas le temps, les vieilles rivalités reparaissent, inchangées, avec la même intensité qu'autrefois. « Quand les parents ne sont plus là, eux qui avaient

incarné ce que j'appelle "le surmoi fraternel", c'est le retour du refoulé et on assiste à un face-à-face qui peut être très cruel et se joue sur le dos des objets ou des maisons qui ont appartenu aux parents. » Laurence, quarante-huit ans, évoque les échanges tendus à cette occasion avec sa sœur aînée : « À la suite de la mort de mon père, nous n'avons pas réussi à surmonter les conflits qui nous opposaient et qui s'exprimaient dans la liquidation de l'appartement de Papa. Chaque objet, chaque livre devenait un alibi pour nous disputer. Et, si je suis honnête, j'ai vraiment eu envie de la frapper, de la faire disparaître : elle mettait systématiquement la main sur ce qu'elle savait être important pour moi. Je me souviens en particulier d'un petit vase ancien en pâte de verre que j'adorais et que j'avais toujours vu dans le bureau de Papa. Elle a voulu se l'attribuer... Tout ça a été tellement douloureux... Je pleurais tous les jours. Après la vente de l'appartement, je ne pouvais littéralement plus la voir. J'ai coupé les ponts. Mais je suis si triste... Les larmes me montent aux yeux lorsque je vois des sœurs bras dessus, bras dessous dans la rue. »

Je ne pouvais littéralement plus la voir. J'ai coupé les ponts. Mais je suis si triste... Les larmes me montent aux yeux lorsque je vois des sœurs bras dessus, bras dessous dans la rue.

De la complicité

Ce lien si important n'est pas qu'antagonisme, il est aussi facteur d'évolution. « Dans la construction psychologique d'un individu, dit Nicole Prieur, l'influence de la fratrie est bien plus grande que celle des parents. » Voilà qui a de

quoi surprendre ! Les frères et sœurs plus importants que les parents ? « Certainement, confirme Nicole Prieur, on se construit dans la relation frère/sœur. Et pas au même titre que dans la relation avec les parents. Il s'agit d'une relation horizontale, dans laquelle les enjeux sont particuliers. Les frères et sœurs se construisent les uns par rapport aux autres et aussi les uns les autres, par rapport au regard des parents : dans cette rivalité, les enfants adaptent leur identité en se différenciant des autres frères et sœurs. »
En tout cas, Carl Gustav Jung a vu dans la relation fraternelle la conjonction des opposés, l'image archétypale d'une union incestueuse... Ce qui n'est évidemment pas à prendre au pied de la lettre mais à envisager symboliquement : personne ne m'est plus proche – d'un point de vue biologique et familial, dans mes souvenirs les plus lointains – que mon frère ou ma sœur. Nous sommes les seuls à avoir les mêmes parents. Nous sommes des branches des mêmes troncs familiaux.
Lacan lui-même s'est intéressé à cette question : « C'est à partir d'une identification ambivalente à son semblable que, par la participation jalouse et la concurrence sympathique, le moi se différencie dans un commun progrès de l'autrui et de l'objet. L'identification est première, elle précède la jalousie. C'est tout spécialement dans la relation fraternelle primitive que l'agressivité se démontre pour secondaire à l'identification[1]. » Ici résiderait l'origine contradictoire de la force du lien fraternel : « De là sans doute cet attachement, cette soudure si spécifique à celui qui en a été le support. Ce serait là la voie de la transmission entre frères et sœurs », conclut Anne Meunier, psychanalyste, autrice d'un article sur la relation fraternelle[2].

---

1. Jacques Lacan, *Les Complexes familiaux*, Navarin, 1984.
2. Anne Meunier, « À propos du "beau nom de frère" », *La Parenté, les voies de la transmission*, Champ Lacanien, n° 4, 2006.

Plus tard…

Si les conflits enfantins ne perdent pas de leur intensité, les retrouvailles sont fréquentes lorsque la fratrie prend de l'âge. Comme le remarque si bien Nicole Prieur : « Nous partageons des souvenirs, nous ouvrons l'histoire familiale : nous n'avons jamais exactement les mêmes souvenirs. Cela enrichit notre histoire. Nous passons au-dessus de nos différences. Il y a quelque chose de l'ordre de la régression : les "tu te souviens" abondent. C'est une façon de se reconnecter à notre enfance, à ce moment toujours idéalisé. Les enjeux s'atténuent. On s'apprécie comme on est. Les différences comptent moins que ce qui nous rapproche. On est frère et sœur à vie. Nous en avons été constitués et même les ruptures font partie de nous. »

Les jumeaux, un lien à part

Il suffit de les croiser dans la rue pour s'en apercevoir : dès que des jumeaux apparaissent, tous les regards se tournent vers eux. On les trouve adorables, charmants, étranges, inquiétants, mais jamais ils ne laissent indifférent. En littérature, à la télévision et au cinéma, la gémellité a inspiré nombre d'artistes. Le thème du double est inépuisable. L'Antiquité nous en fournit plusieurs exemples : Castor et Pollux, Romulus et Remus… Plus proches de nous, Tweedle Dee et Tweedle Dum d'*Alice au Pays des merveilles*, ou Fred et George Weasley, les jumeaux roux d'*Harry Potter,* Jaime et Cersei Lannister, les jumeaux incestueux de la célèbre série *Game of Thrones*. Et comment ne pas évoquer l'invraisemblable *Faux-semblants* de David Cronenberg, ce film où Jeremy Irons joue le double rôle de jumeaux monozygotes et gynécologues qui tuent leurs patientes après les avoir un peu torturées. Il fallait y penser… La figure gémellaire, le double, reste pour chacun de nous intrigante : pensons aux frères Bogdanov, assez

excentriques en eux-mêmes, certes, mais dont l'excentricité est décuplée par la gémellité.
Qui n'a rêvé, enfant, d'avoir un jumeau pour pouvoir passer les examens à deux ou faire des blagues à sa famille ? Au-delà de cet aspect léger, ce qui nous interroge, c'est le lien unique et symbiotique (au vrai sens du terme) de ces enfants qui ont partagé le ventre maternel. « À la naissance, dit l'un des jumeaux interviewés par Nils Tavernier dans son documentaire *Le Mystère des jumeaux* (2009), alors que personne ne nous connaît encore, nous on a déjà une complicité. » Dans le ventre maternel, ils échangeraient déjà contacts et baisers... Ces deux-là porteraient des secrets qui nous seraient inaccessibles, une communication cachée au commun des mortels. Bref, ils seraient des sortes d'extraterrestres, des parangons du lien parfait. Mais où est le fantasme ? Où se situe la réalité ?

Le mythe fondateur

Notre intérêt pour les jumeaux vient de loin. Peut-être, au paléolithique, les jumeaux étaient-ils vénérés parce que supposés porteurs de pouvoirs divins ? Quoi qu'il en soit, cette particularité de la nature a toujours attiré l'attention. Platon, dans *Le Banquet*, évoque le mythe de l'androgyne, troisième espèce humaine, à la fois homme et femme, deux êtres en un. Zeus décide de les séparer en deux êtres. « Or, quand le corps eut été ainsi divisé, chacun, regrettant sa moitié, allait à elle et, s'embrassant et s'enlaçant les uns les autres avec le désir de se fondre ensemble, les hommes mouraient de faim, parce qu'ils ne voulaient rien faire les uns sans les autres ; et quand une moitié était morte et que l'autre survivait, celle-ci en cherchait une autre et s'enlaçait à elle soit que ce fût une moitié de femme entière – ce qu'on appelle une femme aujourd'hui –, soit que ce fût une moitié d'homme, et la race s'éteignait[1]. » Nous serions donc tous à la recherche de notre autre « moitié » - mission accomplie pour les jumeaux !

Un en deux

Les jumeaux seraient-ils aussi liés parce que chacun est le premier objet d'amour de l'autre, le premier être humain avec lequel ils aient noué une relation, avant même la rencontre avec leur mère ? Cette idée est répandue et nous semble naturelle. Le psychiatre René Zazzo, l'un des premiers à avoir travaillé sur la question des jumeaux, soutient que l'un « sert de mère à l'autre », ainsi que le rappelle la pédopsychiatre Catherine Vanier : « Un jumeau, explique-t-elle, c'est quand son frère ou sa sœur s'en va qu'il pleure [...]. Cela peut signifier aussi, si on pousse les choses à l'extrême, que les jumeaux auront toujours du mal à se passer l'un de l'autre[2]. »

Tous les spécialistes ne partagent pas cette idée : la psychiatre Annie Roux, interrogée par Isabelle Lortholary dans son livre *Jumelles, jumeaux, une histoire de miroirs*, bat cette idée en brèche : « Le premier amour est forcément la mère parce que c'est elle qui donne les premiers soins à l'enfant "en détresse", dépendant, immature. Cet amour peut, dans un second temps, se déplacer vers la sœur ou vers le frère. Mais c'est un amour second, qui peut remédier aux déficits parentaux. L'enfant investit toujours d'abord la mère et le père (en tant que tel, ou celui qui est dans la tête de la mère) avant de tourner ses investissements d'amour ailleurs[3]. » Elle ajoute que cet amour secondaire

1. Platon, *Le Banquet*, trad. E. Chambry, Classiques Garnier.
2. Catherine Vanier, dans Isabelle Lortholary, *Jumeaux, jumelles, une histoire de miroirs*, Albin Michel, 2018.
3. Annie Roux, dans Isabelle Lortholary, *Jumelles, jumeaux, une histoire de miroirs*, Albin Michel, 2018.

peut aussi se révéler un amour protecteur lorsque la mère ou les parents sont déficitaires : « La complicité gémellaire a pallié ce que le pédiatre, psychiatre et psychanalyste D. W. Winnicott appelle “les carences de l’environnement”[1]. » Mais probablement dans les mêmes conditions qu’un amour proche entre frères et sœurs. La complicité et la fusion sont renforcées, et ce d’autant plus que la fraternité gémellaire est surinvestie par l’entourage familial et social : l’image renvoyée aux jumeaux est celle d’un « bloc ».
Certains psychologues, comme Fabrice Bak[2] qui travaille depuis des années sur la question des jumeaux, considèrent que ceux-ci vivent depuis leur conception un état de « fusion gémellaire ». Leur lien est si fort que leur développement psychologique et cognitif suit un chemin qui leur est propre et qui doit autant à leurs particularités qu’à leur environnement, car les parents ont tendance à s’occuper « en double » des bébés : les biberons, le bain, les sorties, etc., tout se passe en même temps pour les deux enfants. Ce n’est qu’à partir de deux ans, au moment où le langage apparaît, que la différenciation se met en place et que la famille note chez les jumeaux des différences de comportement et d’expression. Selon le psychologue, une première phase de réelle autonomie surgit vers l’âge de six ans, c’est-à-dire au moment de l’entrée à l’école. Une deuxième phase d’autonomisation intervient au moment de l’entrée au collège; elle sera plus forte encore si les enfants sont dans des classes différentes. Si ces étapes ne sont pas accomplies, le lien peut demeurer trop fort et entraver l’épanouissement des personnalités, voire les figer dans une proximité dont elles ne sauront pas se défaire. Une prison pour deux ? Fabrice Bak préfère rester dans la

1. *Ibid.*
2. Voir ici même l’interview de Fabrice Bak, p. 68.

« Les jumeaux sont nés avec ce lien qui leur est propre. Il faut leur permettre de vivre avec tout en développant leur propre individualité. »

nuance, et le terme « dégemelliser » le fait bondir. Pour lui, il convient d'accompagner et d'encourager, sans rien imposer. « Les jumeaux sont nés avec ce lien qui leur est propre. Il faut leur permettre de vivre avec tout en développant leur propre individualité. » C'est à cette condition que les jumeaux deviendront des adultes épanouis... mais qui resteront très proches. On peut parier sans risque que les jumeaux étonneront toujours... et que de nouveaux Michel Tournier[1] écriront encore des histoires de doubles.

1. Auteur du roman *Les Météores*, paru chez Gallimard.

Toutes vos questions sur...

LA CRYPTOPHASIE, LE LANGAGE SECRET DES JUMEAUX

Les jumeaux parlent-ils une langue secrète, ou cryptophasie ? C'est le psychiatre René Zazzo qui a inventé ce terme en 1960. En 1979, le périodique américain *Observer Magazine* a publié un article exposant le cas de deux jumelles de huit ans qui communiquaient en utilisant une « langue » comprise d'elles seules. Il s'avéra que ces enfants, confiées à leur grand-mère d'origine allemande, s'étaient fabriqué un « patois » mélangeant anglais et allemand. Des cas similaires ont été observés par des psychologues un peu partout dans le monde. Leur étude a

montré qu'il s'agit souvent d'enfants ayant peu de contacts avec l'extérieur et qui mélangent des mots mal compris ou mal prononcés par leurs parents ou leur entourage avec des onomatopées. Selon Yvan Lebrun, dans un article publié en 1983 dans la revue *Enfance*, cette fameuse langue « n'est dans son ensemble qu'un décalque maladroit et appauvri du lexique proposé par les adultes ». Cette langue secrète est plutôt la manifestation d'un retard de langage à deux, retard entretenu par la symbiose gémellaire, particulièrement forte dans le cas des jumeaux monozygotes, plus proches et plus semblables physiquement. C'est ce qu'a montré le cas de jumeaux russes étudiés par des psychologues : ce qui avait été pris pour une vraie « langue » était en réalité un langage apparu parce que les jumeaux étaient souvent laissés à eux-mêmes et s'étaient créé un langage à eux, mais un langage pauvre.
Cette pseudo-langue disparaît peu à peu, vers l'âge de six ou sept ans, dès que les enfants apprennent à mieux parler, mieux prononcer, et développent leur vocabulaire et leur syntaxe. Cela dit, pour préserver leur identité gémellaire certains jumeaux s'inventent réellement une langue propre, en apportant des modifications à la langue utilisée dans leur milieu. Certains groupes d'adolescents font de même et c'est d'ailleurs à l'adolescence que ce phénomène, qui n'a rien à voir avec la cryptophasie, apparaît. Encore un mythe qui s'effondre...

« LES JUMEAUX ONT UN LIEN PARTICULIER QUI ÉVOLUE TOUT AU LONG DE LA VIE. »

L'éclairage de Fabrice Bak

Fabrice Bak, psychologue cognitiviste, est membre du comité scientifique de la Fédération Jumeaux et Plus.

Fabrice Bak, le lien particulier que l'on attribue aux jumeaux est-il le fruit de nos fantasmes ou correspond-il à une réalité scientifiquement observée ?

Il y a bien une fascination pour les jumeaux. Dans toutes les cultures il existe un mythe gémellaire, avec de grandes disparités : d'un côté, les jumeaux sont bénis, adulés; de l'autre, ils sont soupçonnés de maléfice. Un exemple frappant est celui de deux villages d'Afrique subsaharienne, distants de seulement deux cents kilomètres. Dans le premier, une mère qui donne naissance à des jumeaux est considérée comme un don des dieux : elle ne travaillera plus, sera prise en charge par l'ensemble de la communauté et les enfants seront adulés. Dans l'autre village, si des jumeaux naissent, l'un d'eux est mis à mort et le sorcier fait une statuette représentant le jumeau mort, que le survivant devra aduler toute sa vie... La gémellité génère beaucoup de fantasmes, à propos d'une prétendue transmission de pensée, de coïncidences des événements de la vie. Cela va loin : durant la guerre froide, les Américains ont même mené des études sur une éventuelle transmission de pensée des jumeaux, avec l'espoir d'envoyer un des jumeaux à l'Est afin qu'il puisse, par la force de la pensée, transmettre des informations à son jumeau resté à l'Ouest ! Mais il y a bien un lien spécifique entre les jumeaux.

In utero, les jumeaux interagissent, se donnent des coups de pied : ce sont des caresses. Ils sont déjà en relation l'un avec l'autre. Lorsqu'ils viennent au monde, ce sont des enfants très attendus : du point de vue médical, puisque ce sont des grossesses très surveillées, mais aussi par les parents, la famille. Ils sont donc déjà vus comme ayant une spécificité. Et puis ils connaissent une première étape de développement dite de « fusion gémellaire ». La mère, le père et l'entourage vont s'occuper des deux bébés comme d'une entité : si l'un pleure, on donne à manger aux deux, ou bien on les change en même temps. Il est très difficile pour les parents de les différencier dans leurs besoins, pour une raison simple : deux bébés, c'est une charge très lourde, qui est d'ailleurs à l'origine de pas mal de burn out parentaux. Prendre soin d'eux ensemble réduit le travail. Les deux premières années sont très difficiles pour les parents.

C'est donc une étape qui est provoquée par l'entourage.

En grande partie, même si les jumeaux sont tout de même très proches l'un de l'autre. À l'inverse, certains parents craignent une trop grande fusion de leurs enfants et veulent les « dégémelliser » trop tôt, sans leur laisser le temps de suivre leur développement normal, qui leur permet de s'individualiser progressivement.
C'est un travail qui prend plusieurs années. Cette phase de fusion leur est nécessaire : ils ont vécu ensemble sept à huit mois dans le ventre maternel (la plupart des accouchements se font avant terme) et ils ont besoin de ce lien[1]. Au bout de deux ans, ils accèdent à l'étape de la complémentarité : pour les identifier, les parents et l'entourage vont leur attribuer des caractéristiques complémentaires. Par exemple, l'un sera désigné comme plus rêveur que l'autre, dont on dira qu'il est « casse-cou ». En fait, ce sont toujours des caractéristiques complémentaires, qui fluctuent. C'est ainsi que se construit leur individualité. Les jumeaux monozygotes (issus du même œuf) mettront un peu de temps à se différencier car ils ont régulièrement leur propre image en face d'eux. À l'école, en général, il n'y a pas de règle : on peut les laisser ensemble ou les séparer. Mais il vaut mieux les laisser ensemble car ils ont besoin l'un de l'autre pour se développer et construire leur lien gémellaire. L'un des enfants développe des compétences tandis que l'autre reste plus en retrait, puis cela s'inverse. Dans les couples garçon/fille, c'est souvent la fille qui va plus vite, mais vers six ou sept ans ils seront au même niveau de développement qu'un enfant unique.

1. Les jumeaux prématurés sont d'ailleurs souvent ensemble en couveuse.

Et si on les laisse en fusion ?

Cela va poser des problèmes d'identité. Ils peuvent rester figés dans leur relation. Je pense à un couple de jumelles qui avouaient que si l'une des deux mourait, l'autre ne lui survivrait pas. Mais s'ils ne dépassent pas la phase de complémentarité, il peut demeurer un rapport dominant/dominé qui va se figer, l'un des deux jumeaux porteur de caractéristiques positives, l'autre de particularités négatives. René Zazzo a bien identifié ce rapport. Normalement il est censé fluctuer; c'est le fait qu'il se fige qui rend la relation problématique.

Afin de se différencier, vers cinq-six ans les enfants traversent souvent une phase de violence envers l'autre et se battent avec beaucoup d'intensité.

Ce serait l'expression d'une pulsion de séparation ?

Oui. Et cela disparaît spontanément. C'est un passage qui les mène à la première phase d'autonomie, vers six ans, et se poursuit jusqu'à l'adolescence, où surviendra une nouvelle étape d'autonomisation. Lorsque le positionnement identitaire se met en place, la complicité se renforce dans la différence. Le lien qui les unit reste privilégié, ce qui, sur le plan sentimental, à l'adolescence, ouvre la porte à « l'autre ». S'ils sont restés en fusion, il n'y a pas de place pour le lien amoureux. Le réalisateur Nils Tavernier a rencontré, pour les besoins de son documentaire *Le Mystère des jumeaux*, des agriculteurs jumeaux d'une cinquantaine d'années : quand l'équipe de tournage s'est rendue dans leur chambre, il n'y avait qu'un seul lit ! Ils ne s'étaient jamais séparés, baignés dans l'idée que nés ensemble, ils vivraient et mourraient ensemble. Pas de place pour « l'autre ». La relation gémellaire n'est pas en opposition à la construction d'un lien amoureux individualisé si la seconde phase d'autonomie a bien été atteinte. Toutefois, le prétendant ou la prétendante devra être adoubé par le co-jumeau. Il faut remarquer d'ailleurs que lors d'une relation amoureuse, si le conjoint attaque le jumeau ou la jumelle, c'est toujours le conjoint qui est éjecté... Attaquer le lien jumeau/jumelle, c'est s'attaquer à leur identité.

Quand des jumeaux ne se supportent pas, est-ce une maladie du lien ?

En quelque sorte. Il s'est passé quelque chose, dans la phase de complémentarité, où les rôles attribués sont restés figés, ou dans la phase de fusion dont ils ne seraient pas sortis. J'ai eu l'occasion de le voir avec des jumelles monozygotes, l'une dominante, l'autre dominée, qui ne parvenaient pas à s'extraire de ce lien devenu toxique. À vingt-deux ans, l'une des deux s'est défigurée au vitriol... Avant l'opération, elle a demandé de ne plus avoir le visage de sa sœur... C'est une problématique très lourde car elle touche la construction de l'identité propre à chacun. Bien sûr, cela reste rarissime, heureusement !

Que se passe-t-il au moment du décès d'un des jumeaux ?

C'est particulièrement douloureux. C'est la moitié d'eux qui disparaît. Le seul moyen de surmonter cet événement dramatique est de parvenir à élaborer l'idée que le lien perdurera malgré la disparition du co-jumeau, car il continuera à vivre dans l'esprit et le cœur du survivant. Par exemple à travers la réalisation d'un projet qui permette de faire vivre l'autre. C'est ce qu'a fait l'une de mes patientes, qui a écrit un livre sur sa relation avec sa jumelle disparue.

RETROUVEZ *GRAND BIEN VOUS FASSE !* EN PODCAST

- **Frères et sœurs, comment gérer les conflits ?**
- **Comment bien vivre dans une famille recomposée ?**
- **La guerre entre frères et sœurs est-elle incontournable ?**
- **Quelle est la bonne place dans la fratrie ?**
- **Querelles entre frères et sœurs : pourquoi est-il bon de se chamailler en famille ?**

On lui court après, on le chérit, on l'espère, on le regrette. L'amour, ce lien fondamental... Aimer nourrit, réconforte et rend plus fort, plus heureux.

L'AMOUR, UN LIEN SI FORT ET SI FRAGILE

Mais c'est aussi la relation la plus sujette aux difficultés, à l'incompréhension, à la rupture, à la perte. Pourquoi aimons-nous tant aimer et être aimés ?

S'il fallait établir un palmarès des relations humaines, l'amour tiendrait assurément la première place. L'amour est la grande affaire de notre vie. Nous adorons tomber amoureux, aimer pour un jour ou pour toujours, être foudroyés par un regard ; nous nous délectons du récit des amours des autres, de leurs inquiétudes, de leurs chagrins ou au contraire de leur bonheur... La littérature regorge de relations amoureuses – il est vrai que ces histoires sont souvent malheureuses –, le cinéma nous offre les plus beaux regards désirants, les baisers les plus sensuels, les amours les plus déchirantes : qui peut résister aux bouleversantes dernières scènes du *Docteur Jivago* ? Et lorsque la passion dévorante s'atténue, on rêve d'un amour profond qui serait éternel. La vie, les changements culturels et sociaux bousculent considérablement ces représentations mais elles résistent vaillamment : il suffit d'observer le succès des sites de rencontres. Dans un sondage réalisé pour le site Match.com, 81 % des personnes interrogées déclaraient ressentir le besoin d'être en couple (certes, le sondage date de 2011, mais il serait surprenant que ce besoin ait disparu en l'espace de quelques années : peut-être même s'est-il renforcé avec l'épreuve du confinement).

COMMENT DONC CE LIEN SI DÉLICIEUX ET SI MYSTÉRIEUX SE CRÉE-T-IL ?

Pour les psychologues, son origine est à chercher du côté de la relation avec la mère. Les petits humains (comme tous les animaux, à l'exception des insectes et des mollusques) ont un besoin vital du lien d'attachement avec leur mère (qui peut être une autre personne que la mère biologique, mais avec laquelle l'enfant noue une relation privilégiée). De nombreuses études neurologiques et psychologiques (dont les fameux travaux de John Bowlby et de Mary Ainsworth) ont largement démontré l'importance fondamentale de cette relation pour le développement cognitif, affectif et physiologique de l'enfant[1]. C'est la qualité de cette relation primordiale qui déterminera le type d'amour que chacun de nous pourra établir avec l'autre. S'il a bénéficié d'un lien sécurisant, de l'attention d'une mère rassurante, attentive et ouverte, l'enfant, puis l'adulte, est capable de nouer un lien amoureux équilibré et satisfaisant, sans angoisse. À l'inverse, si la mère fait montre d'évitement ou de rejet, l'individu aura de grandes difficultés à nouer une relation amoureuse apaisée : il connaîtra plutôt des amours angoissées, marquées par la peur de l'abandon et de la perte, par le besoin de « s'approprier » l'autre pour apaiser son anxiété, par la difficulté à s'attacher ou la crainte de le faire. Bien entendu, entre ces deux pôles toutes les nuances sont possibles, mais la tonalité est donnée. Yvane Wiart, titulaire d'un doctorat en psychologie et chercheuse au laboratoire de psychologie clinique de l'université Paris-Descartes, écrit : « Les adultes sécures n'ont aucune difficulté à devenir intimes et à faire confiance à leurs partenaires. Ils pensent que l'amour existe et qu'il peut être durable. Ils ont globalement confiance en eux-mêmes et en autrui, ce qui leur permet d'anticiper une issue positive y compris en cas de conflit dans le couple, et de tout mettre en œuvre pour y parvenir[2]. »

---

1. Voir l'interview de Rebecca Shankland, p. 47.
2. Yvane Wiart, *L'Attachement, un instinct oublié*, Albin Michel, 2011.

On peut s'amuser à tenter de repérer ces types d'attachement dans les grandes histoires d'amour de la littérature et du cinéma. *Jules et Jim*, ce film de François Truffaut basé sur un livre d'Henri-Pierre Roché, raconte-t-il l'histoire d'une jeune femme qui aurait eu une mère évitante, ce qui expliquerait l'impossibilité pour Catherine, l'héroïne, de choisir entre deux hommes ? Le héros du *Grand Meaulnes* d'Alain-Fournier a-t-il développé lui aussi un type d'attachement évitant, qui le pousse à fuir la femme qu'il aime ? Othello est-il l'enfant d'une mère abandonnante qui aurait déclenché en lui le besoin irrépressible de contrôler Desdémone, dans un délire de jalousie ? À l'inverse, peut-être Roméo et Juliette sont-ils les enfants très aimés de mères sécurisantes ?
Il est certes difficile d'analyser la complexité de la relation amoureuse à travers ce seul prisme, mais ces repères sont importants : nous apprenons à tisser des liens dans notre enfance et ce que nous y avons connu laisse son empreinte.

LA CHIMIE DE L'AMOUR

Et du côté du cerveau, que se passe-t-il ? Les neurosciences s'intéressent à cette question depuis une bonne vingtaine d'années. La neurobiologiste Lucy Vincent a lancé en 2004 un pavé dans la mare du romantisme en expliquant que notre cerveau est programmé pour que nous tombions amoureux (l'évolution et la nécessité de perpétuer l'espèce nous poussent vers l'amour), et que l'extase est le produit de nos hormones : la dopamine et l'ocytocine sont les responsables de nos emballements sentimentaux et sexuels... Voilà qui explique aussi le désamour :

les mammifères, dont nous faisons partie, se désintéressent de leur partenaire après quelque temps...
En 2010, des chercheurs[1], ont passé au crible plusieurs études en neurologie pour comprendre quelles sont les aires du cerveau qui entrent en jeu lors d'une rencontre amoureuse. Résultat, douze aires cérébrales « s'allument » et produisent les hormones qui nous plongent dans cet état agréable : la dopamine, l'adrénaline, la vasopressine et bien sûr l'ocytocine, l'hormone du plaisir et de l'attachement. Au moment du rapport sexuel, l'hypothalamus sécrète de la testostérone (pour les hommes) et de la dopamine, l'hormone du plaisir et de la récompense : voilà pourquoi nous sommes littéralement « shootés » au moment de faire l'amour (et après) et avons envie de recommencer (ou pas, si la rencontre n'a pas déclenché ce « bain » hormonal) et pourquoi nous sommes aussi littéralement en état de manque lors d'une rupture. D'autres zones du cerveau, le cortex préfrontal, l'insula et l'amygdale, participent à la mémorisation des sensations agréables.
Si ce « bain » hormonal explique le déclenchement du plaisir, pourquoi tombons-nous amoureux d'une personne plutôt que d'une autre ? À cette question qui nous poursuit depuis bien longtemps (dans le roman de Madame de La Fayette, la princesse de Clèves se la posait déjà au XVIe siècle...) il est difficile de répondre : les sentiments humains sont complexes et ne peuvent se réduire à une seule explication, fût-elle médicale... Certes il existe, comme l'explique Serge Wunsch, docteur en neurosciences cognitives[2], une « reconnaissance » de « parties du visage » de la personne qui nous séduit, qui peuvent être reliées à un

1. Journal of sexual medicine, 2010, cité par Frederika Van Ingen dans « Que se passe-t-il dans le cerveau quand nous tombons amoureux ? », *Ça m'intéresse*, mai 2019.
2. Serge Wunsch cité par Frederika Van Ingen dans « Que se passe-t-il dans le cerveau quand nous tombons amoureux ? », *Ça m'intéresse*, mai 2019.

visage aimé auparavant et suffire à déclencher le « coup de foudre » si merveilleusement évoqué par Albert Cohen dans *Belle du Seigneur* : « Les autres mettent des semaines et des mois pour arriver à aimer. Moi, ce fut le temps d'un battement de paupières. Dites-moi fou, mais croyez-moi. Un battement de ses paupières, et elle me regarda sans me voir, et ce fut la gloire et le printemps et le soleil et la mer tiède et sa transparence près du rivage et ma jeunesse revenue, et le monde était né[1]. »
Bien d'autres facteurs entrent en ligne de compte. Pour la psychanalyse, c'est l'inconscient qui joue dans la séduction. Nous ne savons pas ce qui nous attire chez l'autre mais notre inconscient, lui, le sait, et il peut d'ailleurs nous pousser à rejouer des scénarios antérieurs, même si la personne qui nous attire est un voyou ou une perverse... La répétition amoureuse névrotique est un schéma bien connu des cabinets de psychothérapeutes. « Tomber amoureux de quelqu'un, explique la psychanalyste et thérapeute de couple Fabienne Kraemer, c'est s'éprendre d'une personnalité familière ou fantasmée depuis longtemps. Cela va souvent au-delà de la conscience. Dans ce cas, le coup de foudre peut survenir soit parce que le ou la partenaire évoque des souvenirs positifs de l'enfance, soit du négatif et nous pousse donc à répéter des schémas traditionnels plus toxiques[2]. »
Derrière ces comportements se cache le complexe d'Œdipe. C'est parce que nous projetons le fantasme du parent du sexe opposé, que nous voulions épouser enfant, que nos choix amoureux sont dictés par nos parents sans que nous en ayons conscience. Nous serons attendris par une particularité physique ou de caractère, le sens de l'humour, une

1. Albert Cohen, *Belle du Seigneur*, Folio, 2016.
2. Fabienne Kraemer, « Partenaire inadapté, attentes démesurées... Pourquoi répète-t-on les mêmes erreurs en amour ? », *Madame Figaro*, septembre 2019.

manière de pencher la tête, une démarche, un timbre de voix, qui nous évoquera notre père ou notre mère... Cela rejoint par un autre chemin les observations de la théorie de l'attachement : si nous avons été aimés par nos parents, notre vie amoureuse sera probablement épanouie, mais si nous avons subi un lien douloureux, il est fort possible que nous connaissions des amours plus difficiles... Pour éviter de souffrir, faire face à son passé, chercher à comprendre et accéder à une vie épanouie, l'aide d'un thérapeute est un soutien précieux. Mais l'amour demeure un lien mystérieux que la littérature ne cesse d'explorer, depuis la perversité de Madame de Merteuil et de Valmont dans *Les Liaisons dangereuses* de Choderlos de Laclos jusqu'aux poèmes de Louis Aragon dédiés à son épouse, Elsa Triolet, en passant par l'amour douloureux de Félix de Vandenesse pour Madame de Mortsauf dans *Le Lys dans la vallée* de Balzac ou, plus proche de nous, le merveilleux amour indéfectible d'Ella et John, né au sein d'un asile d'aliénés, dans *La Salle de bal* d'Anna Hope... Que nous soyons un lecteur de 1780 ou de 2021, nous nous émouvons et vibrons pareillement.

POURQUOI LE SENTIMENT AMOUREUX PEUT DISPARAÎTRE ?

En tombant amoureux, nous espérons (souvent) que cet amour-là durera longtemps. Qui sait ? Peut-être jusqu'à notre mort ? Les biologistes nous ramènent brutalement à la réalité : pour eux (rejoints en cela par Frédéric Beigbeder, qui l'affirmait dans son roman *L'Amour dure trois ans*), le grand amour ne dure pas plus de quatre ans : notre cerveau resté très archaïque nous pousse, pour des raisons de perpétuation de l'espèce, à nous aimer le temps nécessaire pour mettre au monde et éduquer notre progéniture, au moins

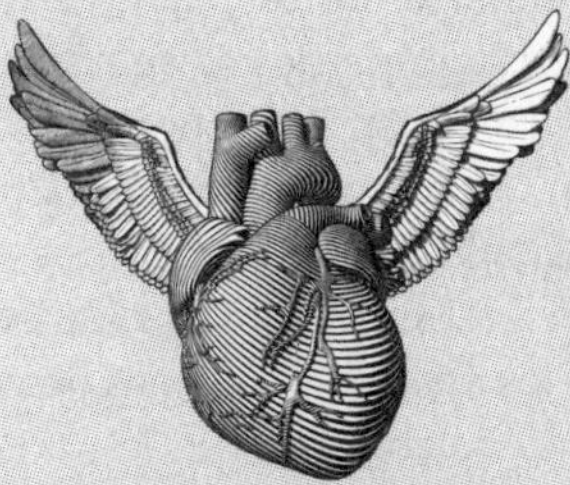

Toutes vos questions sur...

DE NOUVEAUX LIENS AMOUREUX ?

Féminisme, mariage pour tous, célibat, polyamoureux, vie en communauté, augmentation du nombre des divorces, PACS... Le lien amoureux est en pleine révolution. L'essayiste et romancière Belinda Cannone scrute le désir et l'amour depuis des années dans ses livres[1]. Dans son dernier essai, *Le Nouveau Nom de l'amour*, elle propose l'idée que nous vivons désormais une « polygamie lente », dans laquelle les liens amoureux se défont (près d'un mariage sur deux se solde par un divorce) pour se reformer dans un nouveau couple. « Ce sont des amours uniques mais qui se succèdent dans le temps. » Et des amours reposant sur le désir et non plus sur l'obligation sociale ou religieuse, souligne-t-elle. L'allongement de la vie en bonne santé et la libération des femmes seraient le terreau de ces nombreux liens. Et l'âge ne fait rien à l'affaire puisque les nouvelles unions après cinquante ans ne sont plus des exceptions, et que le nombre des divorces de seniors est en nette augmentation. Nous voilà bien loin du lien amoureux provoqué par la seule nécessité de la perpétuation de l'espèce ou la convention sociale. Ouf !

1. Voir « L'amour est le lien de tous les liens », p. 83.

durant la prime enfance. Cette vision très pragmatique ne rend compte que d'une partie du lien amoureux : dans un second temps entre en jeu l'attachement, qui s'approfondit grâce à l'ocytocine et à la vasopressine. L'histoire partagée, les souvenirs communs, la naissance des enfants, l'écoute et la confiance mutuelles, la capacité de laisser à l'autre un espace suffisant, les valeurs partagées, les goûts communs (ou pas), etc. sont également essentiels pour la constitution de la relation. Il serait illusoire et vain de tenter de lister ce qui permet aux liens de se resserrer. Il y a autant d'histoires que d'êtres humains : notre cerveau n'est pas réductible à nos hormones, il est aussi constitué (et cela dure tout au long de notre vie) de notre histoire personnelle, de notre sensibilité, de notre imagination, de notre culture, de notre conscience. Nous n'avons pas fini de tomber amoureux !

« L'AMOUR EST LE LIEN DE TOUS LES LIENS. »

L'éclairage de Belinda Cannone

L'essayiste et romancière vient de publier un essai intitulé *Le Nouveau Nom de l'amour* (Stock). Elle explore pour nous les particularités de ce lien à la fois universel et unique.

Belinda Cannone, qu'est-ce qui fait de l'amour un lien si particulier ?

Il faut d'abord dire que l'amour n'est pas qu'une affaire de midinettes, une problématique d'adolescentes ou de femmes coincées dans les rêveries vaines de madame Bovary, qui voyait la vie à travers le filtre de mauvais romans sentimentaux. L'amour est l'un des liens les plus puissants qui soient, et nul n'est épargné par ses soucis et ses joies, par sa recherche et ses aléas. Je dirais qu'il constitue la base sur laquelle s'édifie une vie. Ce lien si puissant mérite donc d'être pensé. J'ai construit une partie de mon travail autour de l'amour, justement parce que c'est notre grande affaire : tout le monde est concerné, du jeune homme au vieillard et à la femme mûre, et sauf à être dans le déni, personne ne peut prétendre ne pas être ou ne pas avoir été affecté par l'amour. C'est un sujet pour les philosophes aussi bien que pour les psychologues et les artistes… On sait bien que, depuis l'Antiquité, une part considérable de la fiction, des chansons, des tableaux, etc. met en scène les problématiques amoureuses. Ces œuvres, qui sont comme le réservoir de notre imaginaire, témoignent que l'amour est une préoccupation constante de l'humanité. Il est probable que tous les humains connaissent l'amour, d'une manière ou d'une autre, car les manières et les formes de l'amour varient en fonction des civilisations, mais le sentiment est universel. C'est une donnée anthropologique majeure : les humains sont des êtres qui s'aiment. Quelle est la particularité de l'amour par rapport aux autres sentiments que peut susciter autrui en nous ? D'abord, l'amour est ce qui relie deux êtres de la manière la plus étroite et la plus bienveillante qui soit. C'est le lien de tous les liens. Lorsqu'on vit une relation d'amour, rien ne nous importe plus, c'est le lien qui nous est le plus cher et, au moins dans les commencements, c'est même un sentiment obsédant. Dans mes derniers livres sur ce sujet, je parle d'amour-désir, mais l'expression est provisoire. J'y ai recours parce que je veux indiquer qu'aujourd'hui, et c'est nouveau, nous incluons la dimension du désir dans l'amour, ce qui n'était pas central dans les siècles antérieurs où le désir était considéré soit comme un péché, soit, plus récemment, comme une simple pulsion irrésistible. Aujourd'hui, le désir est une valeur; il est reconnu comme une dimension capitale de l'existence, mais il s'agit juste de l'une des nombreuses variations qui ont affecté l'amour au fil des siècles.

Vous soulignez la dimension altruiste de l'amour...

Oui, c'est justement ce qui fait la beauté du lien amoureux : on s'intéresse à l'autre autant, voire plus, qu'à soi-même. L'amour met l'autre en gloire, il lui donne une place et une valeur supérieures. C'est pourquoi on peut aimer l'amour. Son altruisme en fait l'un des sentiments humains les plus beaux, voire le plus beau.

En quoi cet amour-là, s'il est bienveillant et altruiste, est-il différent de l'amour parental ?

Eh bien parce que l'amour qui inclut Éros est un sentiment que j'appelle électif. J'aime mon enfant parce qu'il est mon enfant. Je ne l'ai pas choisi : je suis liée à lui par des liens qui sont d'un autre ordre, et cet amour parental est indéfectible, il dure toute la vie même s'il est parfois, et même souvent, compliqué. Dans l'amour électif, on choisit quelqu'un dans la foule de ses semblables et on est souvent le premier étonné de ce choix. Je dis qu'il est électif parce que rares sont ceux qui peuvent provoquer en nous cet amour, mais les raisons de se tourner vers cet autre-là sont obscures; elles s'imposent à nous du plus profond de notre être. Cependant, même si les mécanismes de ce choix sont mystérieux, quelque chose en nous a bien élu un être et nul autre. Et bien entendu, cet amour électif possède une dimension charnelle absente de l'amour parental.

Et le désir ?

C'est le même grand mystère que l'amour électif en général... Pourquoi choisissons-nous cette personne ? Pourquoi désirons-nous ce lien charnel avec elle ? Cela nous dépasse – et nous enivre.

Et pourtant, cette dimension charnelle est aussi ce qui précipite souvent la fin de l'amour... Aujourd'hui, on a admis que le désir a une place centrale dans l'amour, une valeur. Nous ne voulons plus de lien amoureux sans désir. Ce qui n'était pas le cas pour ma grand-mère – en tout cas, j'en doute... Et comme, la plupart du temps, le désir s'effrite au fil des ans, nous sommes tentés de briser notre couple et d'en former un nouveau.

Pourtant, l'amour peut aussi se transformer en autre chose : de la tendresse, de la complicité, de l'affection, de l'attachement...

Bien sûr. Là encore, je n'ai pas de réponse définitive, et surtout il n'y a pas de vérité générale. Selon toute apparence, même s'ils ne vivent pas forcément sous le même toit, les humains ont rarement envie de vivre seuls, ce qui explique la belle persistance du couple en dépit de ses variations. En tout cas, on ne peut pas négliger la valeur de l'attachement dans un couple après un long temps de vie commune. On bascule alors dans ce que les Grecs nommaient la « philia », l'amour tendre, désérotisé. Mais tout est possible en matière d'attachement, il n'y a pas de loi et l'amour amoureux peut perdurer aussi. Chacun fait comme il peut, en fonction de ce qu'il est et de ce qu'il désire le plus... Pour certains, la pérennité du lien a plus de prix que le désir vif. On peut simplement constater ce qu'indiquent les chiffres : en région parisienne, un mariage sur deux finit par un divorce et les séparations sont nombreuses.

En ce moment, de grandes questions se posent : de plus en plus d'affaires de violences sexuelles et d'inceste sont révélées. L'amour peut devenir un alibi et être utilisé comme un instrument.

Dans le lien, il peut y avoir une ambiguïté entre amour et emprise, et il importe de les distinguer très nettement. Prenons l'exemple de l'affaire récente de ce sculpteur abuseur qui s'est servi de l'emprise qu'il avait sur eux pour amener de jeunes garçons à céder à ses désirs. C'est évidemment un abus et un lien pervers. Il y a eu un temps où, sous prétexte de liberté, on laissait agir ce type d'individu. Mais la liberté devrait toujours être bornée par celle d'autrui : elle s'arrête où commencent la liberté et la sécurité de l'autre. Dans ces années de la fin du XXe siècle, il s'agissait de permissivité plus que de liberté, c'est-à-dire que l'on permettait l'exercice d'une liberté sans limite, au profit d'un seul. J'ai toujours pensé que les individus étaient construits soit sur l'amour, soit sur le pouvoir. Et selon l'un ou l'autre schéma, on ne fonctionne pas de la même manière. Chez ceux qui sont construits sur le désir du pouvoir, ce pouvoir infuse dans l'amour et le pervertit. Donc ce lien ressemble à de l'amour mais n'en est pas !

Ce sont d'ailleurs ceux qui ont socialement le pouvoir – les hommes, la plupart du temps – qui ont tendance à en abuser, comme le montrent les chiffres. Dans ce type de lien malsain, l'altruisme n'existe pas.

C'est cela. L'égalité est la base du lien amoureux tel que nous le concevons depuis la fin du haut Moyen Âge. Or, dans les relations d'emprise, l'autre n'est pas un égal mais devient un objet. Ce phénomène est encore renforcé par l'immaturité de l'enfant. Le lien amoureux n'existe pas et ne peut exister avec lui, car il n'est pas l'égal de l'adulte. La relation qui les unit est un lien de responsabilité et de protection des parents envers leurs enfants, et de confiance de la part des enfants. Mais l'amour Éros ne peut se nouer qu'entre deux êtres égaux. Il n'y a donc aucun rapport entre le lien amoureux et le lien parents/enfants, qui ne peuvent être confondus.

Dans le lien amoureux, qu'en est-il de l'intimité ?

Je pense que l'intimité est tout l'enjeu et toute la merveille de l'amour. L'amour invente l'espace de l'intime dans lequel on a une relation tout à fait singulière. La proxémie, cette science qui s'intéresse aux distances entre les êtres en fonction de leurs relations, distingue quatre types de distance : intime, personnelle, sociale et publique. On sait très bien à quelle distance de l'autre se tenir en fonction de la relation que l'on a avec lui. L'intimité, c'est ce moment où il n'y a plus de distance physique. Dans l'amour, non seulement on se tient proche voire l'un contre l'autre, mais on se dénude aussi, au sens littéral et au sens figuré. On est sans voile. L'intime, c'est aussi l'émergence d'un être nouveau qui s'appelle « nous », qui n'est plus « je » et « tu » mais « nous ». Et cet événement extraordinaire engage le physique et le psychique. C'est pourquoi je l'ai nommé, dans mon dernier ouvrage, l'expérience du « nu intérieur ».

Cette création du « nous » permet aussi à chacun d'être davantage lui-même que s'il était seul.

C'est l'un des aspects les plus fascinants de l'amour : plus on projette vers un autre son sentiment d'amour, plus on se sent soi-même. C'est un paradoxe extraordinaire. Plus on se préoccupe d'autrui, plus on est fidèle à soi-même, centré. La raison en est sans doute que dans l'amour, nous sommes au plus près de nos désirs. Or c'est là toute la difficulté de l'existence : savoir repérer ses vrais et profonds désirs, et accorder ses choix à ces désirs.

C'est aussi parce que l'autre projette sur nous son amour que nous devenons encore plus nous-mêmes. C'est une reconnaissance.

Oui. L'autre nous légitime. Dans ce que nous avons de plus intime et dénudé, de plus fragile. Cette vulnérabilité, au lieu de provoquer la violence ou l'écrasement, entraîne l'inverse : l'estime, la reconnaissance de notre individualité. C'est ce qui me fait parler d'altruisme. Le lien amoureux possède toutes sortes de pouvoirs extraordinaires.

RETROUVEZ *GRAND BIEN VOUS FASSE !* EN PODCAST

- Couple : comment savoir si on arrête ou si on continue ?
- En amour faut-il laisser faire le hasard ?
- Comment trouver l'amour au temps du numérique ?
- À partir de quand est-on un couple ?
- Comment bien vivre une séparation ?
- Qu'est-ce qu'une vraie rencontre ?
- Quelques secrets des couples qui durent.
- Comment concilier amour et désir ?

LA COVID-19 A-T-ELLE ATTEINT AUSSI NOS RELATIONS SOCIALES ?

Par Dominique Picard

« L'accueil, la chaleur humaine
et l'ouverture aux autres sont inscrits
dans notre patrimoine. »

Dominique Picard, psycho-sociologue, professeur des universités, a notamment écrit *Politesse, savoir-vivre et relations sociales* (PUF) et, avec Edmond Marc, *Relations et communications interpersonnelles* (Dunod).
Dans ce contexte de pandémie, Dominique Picard explique en quoi nous avons changé nos manières d'être.

Dominique Picard, le virus a-t-il un effet sur nos liens sociaux ?

Il a un effet immédiat puisque la distanciation sociale et le confinement ont changé notre façon d'exprimer nos liens, ce qui est loin d'être anodin. Dans nos représentations collectives, le lien social est vécu comme un « tout » sans que l'on fasse de différence entre sa nature, son expression et les sentiments qui le sous-tendent. Autrement dit : on s'aime et on se voit régulièrement parce qu'on est amis ; et si on se voit moins, c'est qu'on s'aime moins et qu'on est moins amis. Vus sous cet angle, le déjeuner dominical chez les parents, l'apéro du soir en terrasse ou la pause cigarette ne sont pas de simples « habitudes » mais autant de moyens de réaffirmer ponctuellement et symboliquement que l'on fait partie d'un groupe dont tous les membres restent unis. Ça nous donne une place et une identité sociales.

Cette conception globale du lien existe plus ou moins à tous les niveaux relationnels, du plus quotidien au plus intime. On en a une preuve dans la grande variété des salutations que l'on pratique chaque jour : un simple bonjour à l'un, un sourire plus ou moins appuyé avec d'autres, une poignée de main ou une bise... Toutes ces petites différences sont autant de signaux codifiés que l'on s'envoie pour se repérer dans nos réseaux de socialité et se situer les uns par rapport aux autres. Ils forment ce que l'on appelle des « rituels de contact » et existent dans toutes les cultures, ce qui montre bien leur nécessité. Cela dit, l'influence du virus ne s'est pas limitée à ces questions de forme.

Plus généralement, qu'en est-il du lien social ?

Un lien se tisse autour de quelque chose : l'intimité avec son conjoint, des intérêts convergents avec ses collègues, des valeurs communes avec ses amis... Or la pandémie nous a submergés. Omniprésente dans les médias et dans nos vies, elle est devenue le centre de nos conversations. Et puis les confinements successifs nous ont amenés à réorganiser nos liens sociaux. On s'est parfois éloigné de gens que l'on ne voyait plus. À l'inverse, on a donné plus

d'importance à de simples voisins parce qu'ils étaient les seuls êtres humains avec lesquels on pouvait partager ses peurs ou ses espoirs. Et lorsque des clans se sont opposés, nous avons souvent choisi notre camp : la solidarité ou la liberté individuelle ; l'économie ou la santé ; la distance sociale ou les anti-masques... Ce qui nous a amenés parfois à revoir nos alliances.
Nos repères ont donc beaucoup bougé, dans le fond comme dans la forme. Et les deux sont fondamentaux.

D'ailleurs, la poignée de main est destinée à l'origine à montrer que l'on n'est pas armé. Et être masqué cache notre visage à notre interlocuteur, il est difficile d'être reconnu. Cela a-t-il une conséquence sur nous ?
Oui. Une conséquence profonde. La plupart des signaux qui nous permettaient de saluer les gens de manière conviviale et chaleureuse, comme une poignée de main vigoureuse, un sourire radieux, une tape sur l'épaule, ne sont plus possibles. Or « se tenir à distance » et « avancer masqué » sont justement des attitudes qui, dans l'imaginaire collectif, sont associées à la méfiance, à la fourberie, à l'agressivité... Bref, le contraire de la convivialité. Alors on essaie de compenser : on accentue l'ouverture du corps, on joue sur l'intonation, on cligne un peu des yeux, on fait de petits signes de la main...

Avez-vous remarqué que certains inclinent le corps, joignent les mains à l'indienne ?
Effectivement, privés de nos modes habituels de communication nous en avons recherché d'autres. On a essayé d'en inventer en se cognant le coude ou le pied. On a puisé dans le répertoire des autres cultures. Ces stratégies sont différentes, mais il est intéressant de constater que la seule chose que l'on n'ait pas envisagée était de s'en priver. Ce qui montre encore une fois l'importance des actes rituels dans la communication.

En définitive, aucune de ces innovations n'a vraiment « pris » parce qu'elles étaient dénuées de sens. Nos façons traditionnelles de communiquer ne sont pas nées du hasard. Elles ont une histoire (comme la poignée de main dont vous parliez) et sont profondément ancrées dans la culture d'une civilisation. C'est cet ancrage qui nourrit leur sens et leur pouvoir de communication.

En ce qui nous concerne, nous appartenons à une culture de contact. L'accueil, la chaleur humaine et l'ouverture aux autres sont inscrits dans notre patrimoine. Les gestes empruntés aux cultures de la distance et de l'effacement de soi ne nous « parlent » pas.

Il est frappant de noter que les personnes âgées, privées de liens dans les EHPAD, en sont parfois mortes.

L'entrée en EHPAD marque non seulement l'entrée dans le grand âge, mais aussi la mise à l'écart d'une société dans laquelle on a passé toute sa vie. Les personnes âgées ont ainsi été arrachées à leur cadre, leur rue, leurs commerçants, leurs habitudes... Privées de cet étayage, elles ont dû, pour se sentir exister, trouver d'autres repères dans le rythme et les activités de l'établissement et dans les visites de leurs proches. Elles ont dû produire pour cela un lourd travail de reconstruction. Et voilà que de nouveau, et qui plus est dans un contexte angoissant et mortifère, il leur faut de nouveau faire le deuil des quelques repères qu'elles s'étaient donnés.

Cependant, l'exemple des EHPAD ne fait que mettre l'accent sur quelque chose qui nous concerne tous. Nous avons besoin des autres pour nous sentir exister car c'est en partie grâce au regard qu'ils posent sur nous que nous nous construisons et prenons conscience de nous-mêmes.

Les jeunes ont-ils besoin de cette réassurance parce qu'ils sont en construction ?

Probablement. On se construit tout au long de sa vie mais un peu plus à certains âges. Quand on sort de l'enfance ou quand on quitte le monde balisé des études, on entre dans un univers très différent et on a besoin de sentir que l'on n'y est pas seul, que les grands bouleversements que l'on ressent et les projets auxquels on aspire sont partagés par sa classe d'âge. En revendiquant le droit de se retrouver entre pairs dans les lieux de vie spécifiques, c'est un peu de son identité que la jeunesse revendique et pas seulement le droit de s'amuser. Cela dit, les « jeunes » ne forment pas un groupe social homogène. Et même si l'isolement les fait particulièrement souffrir, il ne faut pas croire qu'ils sont forcément hermétiques à la solidarité et au sens des responsabilités.

Le confinement et le reconfinement, s'ils nous éloignent de certains, comme nos collègues, nous rapprochent aussi d'autres personnes.

Bien sûr, on peut faire de jolies découvertes en s'intéressant un peu plus à ses voisins ou en s'impliquant dans une action collective. Mais l'inverse existe aussi. Et le couple non-stop, vingt-quatre heures sur vingt-quatre, sans le « divertissement » du travail et des amis, ce n'est pas forcément facile.

Même s'il est un peu tôt pour faire un bilan (beaucoup de paramètres sont encore inconnus : la durée de la pandémie, son ampleur, son issue...), pensez-vous que nos liens sortiront durablement modifiés de toute cette période ?

On peut juste émettre quelques hypothèses. Notre besoin d'être en lien et la nécessité d'en codifier les manifestations ne changeront pas, la nature profonde des cultures non plus, et nous retrouverons plus ou moins rapidement nos habitudes de contact.

Quant aux relations elles-mêmes, elles conserveront sans doute quelque temps les traces des profondes dissensions que nous vivons : pourra-t-on facilement pardonner à ceux de nos proches dont l'insouciance nous a mis en danger ? Ou bien à ceux dont la rigidité nous a conduits au désespoir par les vieilles affections reprendront-elles le dessus ? Les nouvelles solidarités demeureront-elles ? L'Histoire nous a appris que tout était possible.

MOTS D'AMITIÉ, MOTS D'AMOUR

« L'amitié est une relation bien spécifique et une valeur qui reste cardinale dans la vie des Français, toutes les enquêtes d'opinion le confirment. »

★

« **L'amitié perdure**, alors qu'au XIXe siècle elle a été considérée comme un sentiment un peu secondaire, un peu tiède, dans la foulée d'un Stendhal qui considérait que l'amour amoureux était LA grande expérience de l'existence. Eh bien, elle a perduré... À l'heure où le couple est fragilisé – on le voit ces dernières années avec la multiplication des divorces – elle, elle persiste, elle perdure ; c'est ce que l'on voit dans nos pages. »

Marie Boëton, journaliste à *La Croix*,
***Grand bien vous fasse !* L'amitié, ce lien si particulier**

★

Créée en 1994, la série *Friends* met en scène six amis en colocation à New York. En dix saisons, toute une génération s'est identifiée à Rachel, Joey, Ross, Monica, Phoebe et Chandler...

« **Il n'y a rien de mieux** qu'une série en dix saisons pour nous montrer que l'amitié peut durer. Ce qui est extraordinaire dans *Friends*, c'est la différence des caractères, et donc la complémentarité : un bordélique avec une maniaque, un drôle avec une personne coincée… C'est un microcosme merveilleux. »

Guillemette Odicino, *Grand bien vous fasse !* Ces fictions qui nous font du bien : l'amitié

★

« **Chez les Grecs**, il s'agissait de combattre ensemble et d'être prêt à mourir pour son ami. Les obligations de l'amitié étaient très fortes à l'époque antique et au Moyen Âge : il était nécessaire, pour la survie sociale, d'avoir des amis, de pouvoir compter sur eux, de pouvoir déclencher une entraide, des liens d'alliance… »

Anne Vincent-Buffault, historienne, *Grand bien vous fasse !* L'amitié, ce lien si particulier

★

« N'est-ce pas triste à mourir de voir un compagnon ou ami se changer en ennemi ? »

Le Siracide, dans l'Ancien Testament

★

Christelle connaît sa meilleure amie depuis le berceau :

« **Nos mamans** étaient dans la même chambre à la maternité. Mon amie est née trois jours après moi, je la connais depuis qu'elle est née. C'est une sorte de sœur de lait. J'ai d'ailleurs une anecdote à ce sujet : elle était un peu fragile à la naissance, il fallait lui donner du lait concentré sucré et je le lui aurais volé, les dames de la maternité s'étant trompées. C'est quelqu'un en qui j'ai totalement confiance, depuis toujours, qui est là pour moi, dans tous les moments clés de ma vie : par exemple à la naissance de mon dernier enfant, lors d'épreuves de ma vie, et dans des moments de grand bonheur. »

Christelle, auditrice, *Grand bien vous fasse !* Comment faire durer l'amitié et surmonter les ruptures amicales ?

★

« **Une amitié**, c'est une relation à part. Homme ou femme, chacun y va de son tempérament, de son caractère, et on envoie à chaque fois quelque chose de singulier. »

Sophie Cadalen, psychanalyste et écrivaine,
***Grand bien vous fasse !* Comment faire durer l'amitié**
et surmonter les ruptures amicales ?

★

« **Catherine et moi** nous connaissons depuis trente-cinq ans. Nous nous sommes rencontrées à l'école maternelle de nos garçons, qui étaient dans la même classe. Au fur et à mesure on partage des événements et à ce moment-là l'amitié émerge et se renforce petit à petit. »

Une amitié incroyable entre deux femmes, Catherine et Viviane, puisque l'une a donné l'un de ses organes à l'autre : il y a quelques années, Catherine a donné un rein à Viviane. Il faut savoir que la possibilité de donner un organe de son vivant date de 2011, avec la révision de la loi médecine. En six ans, il n'y a eu que cent cinquante-quatre dons d'organe par amitié (en 2017).

Catherine et Viviane racontent cette amitié
dans *Grand bien vous fasse !* Comment faire durer l'amitié
et surmonter les ruptures amicales ?

★

« **J'ai vécu une trahison** douloureuse puisque ma meilleure amie est partie avec mon ex-mari maintenant. Dans cette histoire, j'ai beaucoup plus souffert de la trahison de mon amie que de l'infidélité de mon ex-mari. »

Marie, auditrice, *Grand bien vous fasse !* Comment faire durer l'amitié
et surmonter les ruptures amicales ?

★

« **Antonio Damasio** définit le sentiment comme une certaine perception de l'état du corps, une certaine idée de ce que je ressens. L'amour est l'idée d'un état du corps qui me mène comme une pulsion vers un autre en particulier. Il implique tout mon être à la fois biologiquement et mentalement. Il y a une dimension physique et une dimension spirituelle. Les deux sont engagés corps et âme. J'aime de tout mon cœur et de toute mon âme. »

Julie Neveux, linguiste, *Grand bien vous fasse !* Comment exprimer ses sentiments amoureux ?

★

« **Voici quelques définitions** de l'amour... On peut dire, comme Balzac, que l'amour est la poésie des sens ; que c'est l'échange de deux fantaisies et de deux épidermes, comme le disait le moraliste Chamfort ; pour Mademoiselle de Scudéry, l'amour est un je-ne-sais-quoi qui vient de je-ne-sais-où et qui finit je-ne-sais-comment. Et puis j'aime beaucoup cette définition tirée du livre *L'Amour, c'est...* : "L'amour, c'est lui laisser la plus grosse part de pizza." »

Ali Rebeihi, *Grand bien vous fasse !* Comment exprimer ses sentiments amoureux ?

★

« **Le xxe siècle** a tenté de trouver des explications variées à ce phénomène amoureux, à cette rencontre, cet événement, cet inattendu de l'amour. Des explications psychologiques en tirant un trait entre les expériences de la petite enfance et nos expériences d'adulte, ou des expériences biologiques avec l'idée que l'amour serait une chimie hormonale, quelque chose qui nous bouleverserait dans le corps, ou l'idée que ce serait lié à l'évolution, l'amour serait une manière pour l'espèce humaine optimale pour l'évolution [...]. Toutes ces explications sont passionnantes, mais l'inconvénient c'est qu'elles ont tendance à déshabiller notre vécu et désincarner l'événement amoureux. Elles le déshabillent aussi des enjeux affectifs existentiels qui existent dans la rencontre amoureuse. »

Cécile Guéret, psycho-praticienne, *Grand bien vous fasse !* En amour faut-il laisser faire le hasard ?

★

Jimmy est marié depuis cinquante et un ans à celle qu'il a rencontrée à l'âge de douze ans. Il se souvient de leur toute première rencontre :

« **J'allais m'inscrire** à une nouvelle école, maman m'a dit de frapper à la porte. Une petite fille m'a ouvert, et c'était ma femme; mon cœur s'est mis à battre. Elle était plate comme une planche à pain comme on peut l'être à dix ans, elle avait un petit minois amusant, elle était jolie. D'ailleurs, elle est toujours jolie. Je ne lui ai rien dit, puisque je n'étais pas venu pour elle. Mais à la première récréation je lui ai parlé et je me suis aperçu que dès que je la regardais, je la frôlais, mon cœur se mettait à battre et c'était une sensation tout à fait nouvelle. Très rapidement, dans la semaine qui a suivi, j'ai pris conscience que j'étais amoureux et cela ne s'est jamais démenti. Cela ne s'explique pas, on ne peut pas mettre de mots sur un amour spontané. On est amoureux, un point c'est tout. C'est un mystère. »

Jimmy, auditeur, *Grand bien vous fasse !*
Quand nos enfants tombent amoureux

★

« **Je prendrai pour références** deux textes des plus anciens, *Roméo et Juliette*, *Tristan et Iseult*. Dans ces deux textes, comme fondement du synopsis d'une histoire d'amour, on voit que rien ne se passe comme c'était prévu. C'est flagrant. Dans *Tristan et Iseult*, il y a un philtre d'amour destiné à Iseult et au roi Marc, qu'elle doit épouser. Mais quand Tristan la ramène vers le roi Marc, sur un navire, il fait très chaud, ils ont soif et on leur apporte ce que l'on croit être une boisson, et le philtre d'amour va les lier de façon définitive.

Dans *Roméo et Juliette*, ça commence par la grande fête donnée en l'honneur de Juliette; Roméo s'y introduit subrepticement puisque leurs deux familles sont ennemies, et là il tombe follement amoureux de Juliette en allant voir

Rosaline, son amoureuse actuelle. On voit que le scénario dérape dès le début. »

Lubomir Lamy, psychologue social, *Grand bien vous fasse !* En amour faut-il laisser faire le hasard ?

★

« **Une amie de ma fille** qui cherchait le prince charmant, comme toutes les jeunes filles de son âge, est tombée sur une princesse charmante. Elle est tombée folle amoureuse d'une jeune fille. [...]. On est dans l'inattendu le plus total. On voit bien que l'amour nous révèle à nous-mêmes. »

Olivia Gazalé, philosophe, *Grand bien vous fasse !* En amour faut-il laisser faire le hasard ?

Pourrions-nous vivre sans les liens amicaux ? Peut-être. Mais pas si bien, comme le disait Vladimir Jankélévitch à propos de la musique.

L'AMITIÉ, UN LIEN PARFAIT ?

En tout cas, ce lien-là est si riche, si universel, que l'on serait tenté d'y voir le modèle même de la relation idéale. La vérité est moins simple...

« PARCE QUE C'ÉTAIT LUI, PARCE QUE C'ÉTAIT MOI... »

Tout le monde connaît cette phrase de Michel de Montaigne à propos de son amitié pour Étienne de La Boétie. Au point qu'elle est presque devenue un cliché. Était-il davantage question d'amour que d'amitié entre eux ? Peu importe, car cette sentence rebattue recèle une vérité profonde : définir l'amitié n'est pas chose aisée. Mais nous pouvons tenter de comprendre ce lien particulier, cet amour sans le sexe, comme le définissait joliment Henri-Frédéric Amiel[1]. La question n'a cessé de passionner philosophes et romanciers, psychologues et psychanalystes. Pourtant, l'amitié demeure difficile à saisir. « L'amitié est un sentiment si subtil qu'elle échappe, dès qu'on veut la définir, la juger, l'expliquer, à toute définition, à tout jugement, toute explicitation », écrit Philippe Soupault[2]. Rien de plus ardu, en effet, que de tenter d'analyser les raisons de notre affection pour un ami : toutes les explications logiques sont là – parce que nous aimons tous deux la musique, parce que nous rions bien ensemble, parce que je peux tout lui dire, etc. – mais le noyau de la relation se dérobe, sans doute parce qu'il demeure de l'ordre de l'inconscient, caché, tout comme il est impossible de cerner les raisons d'un amour. Réjouissons-nous : une part de mystère fait la saveur de l'amitié. Celle qui lia le critique littéraire et écrivain Jérôme Garcin avec Jacques Chessex, l'indomptable écrivain suisse, est ainsi : certes, tous deux nourrissent un amour immodéré pour la poésie, tous deux ont perdu leur père de façon tragique – celui de Jérôme d'une chute de cheval, tandis que celui de Jacques s'est suicidé –, mais plus de vingt ans les

1. Écrivain suisse, auteur d'un immense journal intime s'étalant de 1839 à 1881 (*Journal*, L'Âge d'Homme, 1976).
2. Philippe Soupault, *L'Amitié*, Hachette, 1965.

séparent et leurs vies évoluent dans des univers éloignés, l'un dans le Paris des éditeurs, l'autre dans un petit village vaudois à proximité de Lausanne. Et pourtant, ces deux-là se sont aimés d'une amitié à toute épreuve durant plus de trente-cinq ans, jusqu'à la mort de Jacques Chessex. Un lien vital qui s'exprime dans leur correspondance, réunie dans un volume par Jérôme Garcin, *Fraternité secrète*[1], dont chaque lettre est une ode à l'amitié. « Une affection profonde me lie à vous, mon cher Jérôme [...]. Je fais ici le vœu que les livres à venir, les vôtres, les miens [...] portent la marque de notre amitié exigeante et durable [...]. Votre amitié fait penser juste. »

LA NOTION D'AMITIÉ EXISTE-T-ELLE DEPUIS TOUJOURS ?

Les Homo sapiens et les Néandertaliens connaissaient-ils l'amitié ? Difficile à dire, mais on peut tout à fait l'envisager, dans la mesure où ce sentiment est universel et très humain. Encore que... les primatologues observent des rapprochements affectueux entre primates (chimpanzés, bonobos...) même si ces liens se nouent au sein du clan et peuvent être le fruit d'un intérêt commun. Le primatologue Frans de Waal, cependant, rapporte le cas d'une amitié solide entre deux femelles chimpanzés, l'une plus âgée que l'autre, qui n'ont cessé tout au long de leur vie de s'entraider.

Mais revenons-en aux primates humains. Si nous n'avons aucune trace d'amitiés préhistoriques (à part le trio que forment Naoh, Nam et Gaw dans *La Guerre du feu*, le célébrissime roman de J.-H. Rosny Aîné), les philosophes

1. Jérôme Garcin, *Fraternité secrète*, Grasset, 2012.

antiques ont réfléchi à la question. Au Vᵉ siècle avant J.-C., Xénophon définit l'amitié comme une solidarité restreinte entre quelques individus contre un monde hostile. Pour Platon, l'amitié unit ceux qui aspirent ensemble au Bien. Aristote, quant à lui, veut comprendre l'essence de l'amitié. Il lui trouve trois fondements.

Le premier est l'utilité : l'affection amicale nous apporte quelque chose de profitable, ainsi qu'à notre ami. Le deuxième est le plaisir : nous aimons partager des activités, passer du temps ensemble. Le troisième est le Bien : ce sont les amitiés basées sur le respect, l'admiration, une vision commune de la vie. C'est l'amour de soi véritable, où l'on veut pour l'autre ce que l'on veut pour soi-même. Chez les Romains, l'amitié est une vertu essentiellement masculine. Cicéron lui consacre un traité philosophique, *De l'amitié*, à la demande de son ami Atticus. Dans ce texte, Caius Laelius Sapiens, ami de Scipion Émilien, définit l'amitié comme une spécificité de la nature humaine, indissociable de la recherche du Bien et dépourvue d'égoïsme. « De tous les biens que la sagesse nous procure pour le bonheur de toute notre vie, celui de l'amitié est de beaucoup le plus grand », disait Épicure.

EST-IL ESSENTIEL D'AVOIR DES AFFINITÉS AVEC NOS AMIS ?

L'amitié telle que nous la concevons aujourd'hui s'est éloignée de cette vision mais pas tant que cela : nous devenons amis parce que nous nous découvrons des goûts communs, des affinités de caractère (même si nous sommes très différents l'un de l'autre) et des valeurs morales communes (il est difficile de devenir l'ami d'une personne dont nous réprouvons totalement la vision de la vie). Des amitiés très fortes peuvent aussi se nouer dans des circonstances particulières, comme un drame, une épreuve. Des rescapés de l'attentat du Bataclan, qui furent otages des terroristes, expriment dans un documentaire[1] leur besoin de se retrouver régulièrement car, explique l'une des jeunes femmes, « personne d'autre ne peut comprendre ce que nous avons vécu ». Le lien est d'autant plus puissant que ces personnes se sont soutenues durant le drame. Un des jeunes hommes racontait la force que lui avait donnée le fait de tenir la main d'un de ses compagnons alors que la police donnait l'assaut. Deux hommes que tout distinguait – l'âge, la situation sociale (l'un étudiant de vingt ans, l'autre père de famille en âge d'être son père et établi dans la vie professionnelle) – se sont pourtant reconnus dans leur humanité. L'amitié indéfectible qui a uni tout au long de leur vie deux personnalités aussi différentes que Simone Veil et Marceline Loridan-Ivens prend aussi ses racines dans l'horreur d'Auschwitz, qu'elles ont vécue ensemble à l'adolescence. Certes, ces exemples sont hors du commun, mais nous connaissons tous des histoires de liens amicaux inattendus, comme celle de ces deux hommes, l'un professeur de lycée – une vie somme toute assez banale, et sûrement pas celle d'un mondain – et l'autre directeur d'un grand et prestigieux établissement public, qui se retrouvaient tous les week-ends dans leurs maisons voisines, parlaient des heures durant et partaient ensemble faire du bateau. Une amitié qui a duré toute leur existence, en dépit des différences sociales, mais qui apportait à chacun la valeur de l'authenticité. Pierre en parle en disant qu'avec Philippe il n'avait jamais besoin de « tenir un rôle », mais qu'au contraire il pouvait enfin se laisser aller à être lui-même et parler de tout en toute sincérité. « Jamais Philippe n'attendait quoi que ce soit. Nous savions pouvoir compter

1. Jules et Gédéon Naudet, *Fluctuat nec mergitur*.

sur l'autre sans jamais le dire. » Une donnée fondamentale les réunissait : un regard humoristique sur la vie. Pierre avoue avoir connu un grand désarroi après la mort de Philippe, et des années plus tard sa présence lui manque encore. « J'ai su des choses de lui que personne d'autre n'a soupçonnées, et l'inverse est vrai. Souvent, spontanément, je me dis "Je vais l'appeler". Ça ne dure qu'un instant et quand je me dis "Mais non ! Impossible !", j'ai toujours le même petit coup au cœur. Ce vide est impossible à combler. »

ET D'ÊTRE COMPLÉMENTAIRE ?

Ce que Pierre révèle, c'est la complémentarité de leurs caractères : lui, brillant, un brin « parleur, séducteur », et l'autre, plus secret, plus discret. Mais dans le fond, leurs personnalités se sont reconnues et soutenues. Elles se sont aussi nourries mutuellement, l'altérité entraînant un fort pouvoir d'attraction, un désir de connaissance et de reconnaissance, et de l'admiration. L'amitié, c'est aussi la curiosité de découvrir l'univers, la culture, le mode de vie de l'ami, c'est le désir de s'ouvrir à autre chose, bref un appétit de s'enrichir au contact d'un compagnon. Dans un très beau petit roman, *L'Ami retrouvé*[1], Fred Uhlman décrit l'amitié d'un jeune garçon juif pour son camarade de classe,

1. Fred Uhlman, *L'Ami retrouvé*, Folio Junior, 1999.

issu d'une famille aristocratique allemande. Cette histoire, en partie autobiographique, est celle d'une amitié menacée par les préjugés et le rejet mais qui perdurera en dépit des circonstances, de la séparation et de la méprise. On y trouve la pureté des amitiés de jeunesse, qui se nouent loin des différences sociales ou politiques. Ce qui intéresse Hans et Conrad, les deux jeunes gens, ce sont leurs affinités profondes, ce terrain où ils se reconnaissent. Le reste du monde n'existe pas... Rattrapée par l'antisémitisme et la folie hitlérienne, leur amitié semble y avoir laissé sa peau. Jusqu'à la découverte ultime par Hans, après la guerre, de la loyauté et de la fidélité de Conrad.

Au sein de la relation amicale se retrouvent le soutien, la solidarité, l'égalité (en tout cas souhaitée...). Les amis sont là pour se venir en aide face à la vie. À deux, trois ou quatre, on est plus fort. La saga *Harry Potter* en est une illustration parfaitement idéalisée : à eux trois, les jeunes sorciers sont capables d'affronter le Mal, en la personne de Voldemort (dont on ne doit pas prononcer le nom). Cette thématique de la « bande » amicale est une constante dans les mythes et dans la littérature. Les chevaliers de la Table ronde forment une entité qui bataille pour trouver le Graal, tout comme la compagnie de l'Anneau de Tolkien, qui traverse les pires épreuves pour sauver le monde, mais aussi le *Club des Cinq* d'Enid Blyton... Il y a au cinéma et dans les séries télévisées une quantité impressionnante de

> Au sein de la relation amicale se retrouvent le soutien, la solidarité, l'égalité. Les amis sont là pour se venir en aide face à la vie. À deux, trois ou quatre, on est plus fort.

productions tournant autour de l'amitié : *Friends*, bien sûr, mais aussi *The Big Bang Theory*, *Sex and the city*, *Thelma et Louise*, *Tout ce qui brille*, et des films classiques, *Rio Bravo* d'Howard Hawks, *The Full Monty* de Peter Cattaneo ou *The Big Lebowski* de Joel Coen, *François, Vincent, Paul et les autres* de Claude Sautet ou *Un éléphant ça trompe énormément* d'Yves Robert... La liste est longue, le thème inépuisable...

ÊTRE AMIS, UN LONG FLEUVE TRANQUILLE ?

Tout n'est pas idyllique au pays de l'amitié : le lien amical, tout comme le lien amoureux, comporte une part d'idéalisation. Nous projetons sur l'autre nos souhaits, nos angoisses, nos besoins. Nous construisons une image de l'autre qui, parfois, ne correspond pas à la réalité. Et la chute est rude. Nous n'abordons pas la rencontre amicale vierges de toute histoire : nous sommes façonnés par nos relations familiales et même par l'histoire de notre famille. La psychanalyste Danièle Brun remarque[1] : « Du fait de sa relation avec sa mère, l'enfant connaît l'amour avant de connaître l'amitié, et cette première expérience le guidera toute sa vie, à son insu, dans ses choix amoureux et amicaux. » Nos choix amicaux étant marqués de ces traces inconscientes, méprises et déceptions peuvent surgir : « À partir du moment où l'un des partenaires paraît se soustraire aux exigences, fussent-elles tacites, de l'autre, la relation évolue sur un fond d'amertume », écrit encore la psychanalyste. Et peuvent s'y mêler ressentiment, jalousie,

1. Danièle Brun, *La Passion dans l'amitié*, Odile Jacob, 2005.

LA PARFAITE AMITIÉ

Dès l'Antiquité, le philosophe grec Aristote a listé trois typologies d'amitié, dont l'amitié vertueuse.

« Aristote est le grand philosophe de l'amitié. Platon nous a donné la manière de penser l'amour, Éros, et par contraste Aristote nous a appris l'amitié. Il disait qu'au fond l'amitié est forcément vertueuse. Elle ne peut exister qu'entre des êtres semblables et qui partagent la même vertu, les mêmes dispositions à être dans la vie. L'amitié était d'ailleurs sociale […]. »

Michel Erman, philosophe, *Grand bien vous fasse !* Comment faire durer l'amitié et surmonter les ruptures amicales ?

« La parfaite amitié est celle des hommes bons et semblables en vertu. Chacun veut du bien à l'autre pour ce qu'il est, pour sa bonté essentielle. Ce sont les amis par excellence, eux que ne rapprochent pas des circonstances accidentelles, mais leur nature profonde. Leur amitié dure tout le temps qu'ils restent vertueux, et le propre de la vertu en général est d'être durable. Ajoutons que chacun d'eux est bon dans l'absolu et relativement à son ami, bon dans l'absolu et utile à son ami, bon dans l'absolu et agréable à son ami. Chacun a du plaisir à se voir soi-même agir, comme à contempler l'autre, puisque l'autre est identique, ou du moins semblable à soi. »

Aristote, *Éthique à Nicomaque* (vers 345 avant J.-C.), livre VIII, trad. F. Stirn, Hatier, 1988, p. 34-35.

rivalité, exigences, etc., aboutissant à des ruptures, de véritables chagrins d'amitié comme il y a des chagrins d'amour, et tout aussi douloureux. Vingt ans après une rupture brutale avec son amie Claire, Lucie en parle encore avec chagrin : « Nous étions très proches, allions souvent chez l'une et l'autre, nos enfants jouaient ensemble. Cela a duré dix ans. Claire, pourtant pleine de talents, piétinait dans sa vie professionnelle. Tout s'est dégradé quand j'ai commencé à connaître du succès en tant qu'autrice jeunesse. J'ai été invitée dans une émission de radio pour parler de mon livre. Claire écoutait. Elle m'a appelée dès que j'ai été chez moi et elle m'a descendue... Je m'étais vendue, j'avais minaudé face au journaliste, je trahissais toutes mes valeurs, etc. Je me suis pris cette agressivité en plein cœur. Je me vois encore, assise sur les marches de l'escalier. Je n'en croyais pas mes oreilles. J'étais pétrifiée, détruite. J'ai pleuré une partie de l'après-midi. Nous nous sommes revues quelques jours plus tard, mais quelque chose était définitivement brisé. »
Le lien amical peut fluctuer, se distendre... et résister. C'est ce qui fait sa spécificité : des sentiments comme la rivalité, la jalousie, etc. ne sont pas éternels. Ne plus se voir ou se parler pendant un temps, même long, n'entache pas l'affection. Ce qui s'est noué est comme « engrammé » et permet des retrouvailles « comme si on s'était vu la veille ». La romancière Elena Ferrante décrit magnifiquement cet aspect de l'amitié : deux jeunes femmes, devenues amies dans leur enfance, et qui ont suivi des chemins radicalement différents, demeurent pourtant non seulement proches mais très importantes l'une pour l'autre. « J'aime Vincent comme mon frère, raconte

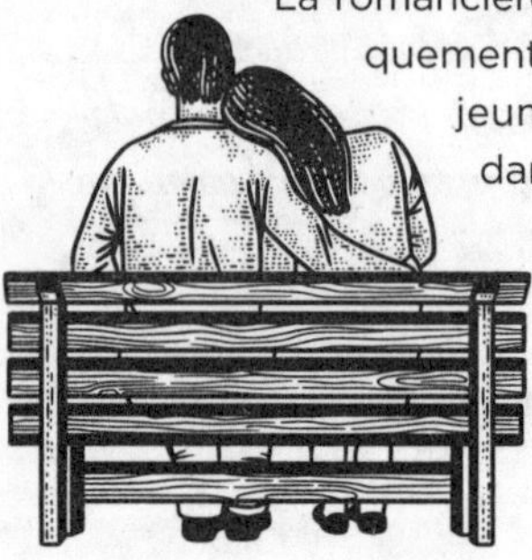

Alexandre, mais sans tout ce qui a pu m'opposer avec mes vrais frères et sœurs. L'avantage de l'amitié vécue comme cela, c'est qu'il n'y a pas les parents. Pas de parents, pas d'enjeu. Notre affection est libre ! »

À LA VIE, À LA MORT !

Cette force de l'amitié, liée à l'absence d'enjeu que décrit Alexandre, prendrait-elle ses racines dans l'enfance ou dans la prime jeunesse ? En tout cas, les amitiés enfantines, lorsqu'elles résistent au passage de la vie, sont fortes parce qu'elles sont nées d'un mouvement spontané, à un âge où les *a priori* et les préjugés n'existent pas ou très peu. C'est le mouvement du cœur qui l'emporte, même si l'inconscient n'en est pas éloigné. Et surtout, durant cette période de la vie, ce qui se présente est vécu avec l'intensité de l'instant, en étant disponible pour accueillir (ou rejeter) l'autre. Des données comme la couleur de peau et l'aspect physique ne comptent pas. Ces amitiés sont tellement importantes dans la vie d'un enfant qu'elles peuvent devenir des points de repère essentiels. Elles ont même parfois la valeur d'épreuves de passage : c'est ce qui est à l'œuvre dans le célèbre film de Rob Reiner *Stand by Me*, qui raconte l'épopée de quatre garçons de douze ans partis sur la piste d'un enfant qui aurait été vu mort. Leur quête les met en contact avec le danger, la peur, le courage; ils sortent grandis et changés pour toujours des épreuves qu'ils ont traversées. « La fréquentation journalière des amis, avec ses échanges d'opinions et ses jeux qui font diversion aux soucis, compense les failles de la vie de famille et parfois même les séparations qui la rythment », écrit Danièle Brun[1].

1. Dans *Enfance et psy*, n° 31, 2006.

Le plaisir des retrouvailles, le partage des secrets et la construction d'un monde à part, à l'abri de l'influence des adultes, constituent une bulle enchantée pour les enfants et laissent une marque profonde au moment où la personnalité se constitue. « À cette époque, écrit Elena Ferrante, quelque chose m'empêchait de l'abandonner. Je ne la connaissais pas bien et nous ne nous étions jamais adressé la parole, même si nous étions constamment en compétition en classe comme au-dehors. Mais je sentais confusément que si je m'étais enfuie avec les autres, je lui aurais laissé une partie de moi qu'elle ne m'aurait plus rendue[1]. » Le paradoxe, c'est que ces liens enfantins, s'ils perdurent parfois, sont aussi l'apprentissage de la séparation, de la perte, de la trahison – Ah... ces revirements dans les cours d'école où, soudain, « t'es plus mon copain » ! Selon Danièle Brun, « le destin de l'amitié serait comparable à celui des dents de lait » : elle est condamnée à tomber ! Mais tomber pour mieux se réincarner plus tard car chaque amitié est une pierre pour l'élaboration des liens amicaux futurs, « en gardant la trace, quasiment l'empreinte des premières amitiés, pour leur renouvellement à d'autres périodes de la vie ». Autre caractéristique : les amitiés enfantines sont reliées à l'attachement avec les adultes référents (mère, père ou tout autre personne en charge de l'enfant). Selon les psychiatres Romain Dugravier, Nicole Guédeney et Anne-Sophie Mintz, c'est ce que révèlent de nombreuses études en psychologie, qui ont toutes « confirmé le lien entre la qualité de l'attachement parents/enfants et celle des relations avec les pairs. Ainsi les études longitudinales américaines dans le Minnesota et allemandes à Bielefeld et Regensbourg (Berlin, 1999; Grossmann, 2005) confirment le fait que la qualité du lien à dix-huit mois (évaluée avec

1. Elena Ferrante, *L'Amie prodigieuse*, Gallimard, 2014.

Toutes vos questions sur...

L'AMITIÉ HOMME/FEMME, IMPOSSIBLE ?

C'est une idée bien ancrée : l'amitié entre un homme et une femme serait impossible. Sous-entendu : la libido s'en mêle et tout s'emmêle. Sauf que c'est loin d'être toujours le cas, toute généralisation est réductrice. Ce qui se joue dans une relation amicale est plutôt de l'ordre de la relation fraternelle : le désir a besoin d'altérité, de mystère, d'une pincée d'incertitude, et l'amitié se déroule sur un autre plan. Avec un ami nous n'avons pas – ou presque pas – de secrets. Nous pouvons tout nous dire (à l'inverse de ce qui se passe dans la relation amoureuse), y compris nos petitesses. Cela n'exclut pas l'admiration : George Sand et Gustave Flaubert, amis proches, éprouvaient une grande admiration mutuelle et se parlaient parfois crûment. Le lien amical, quasi fraternel, représente une barrière contre l'inceste symbolique. Et les amitiés mixtes peuvent être des refuges solides contre l'angoisse, la solitude, la peur de l'autre sexe. Qui mieux qu'un ami du sexe opposé peut nous aider à comprendre ce qui nous échappe dans le comportement masculin ou féminin ? Bien sûr, cette barrière peut s'abattre et le désir surgir...

la *strange situation*) prédit la compétence à établir des relations amicales proches vers dix ans[1] ».

C'est parce que nous avons intériorisé des modèles sécurisants de relation dans notre toute petite enfance que nous avons la liberté psychique de nouer d'autres liens, que nous pouvons construire des amitiés solides et tranquilles et que nous deviendrons capables d'affronter les conflits et les ruptures.

1. Dans *Enfance et psy*, n° 31, 2006.

« L'AMITIÉ N'A PAS LE MÊME SENS DANS L'ANTIQUITÉ QU'AU XXIe SIÈCLE. »

L'éclairage d'Anne Vincent-Buffault

Si les liens amicaux ont toujours existé et sont une composante importante de nos vies, leur expression et leur signification ont beaucoup changé au cours des siècles. C'est ce que nous explique Anne Vincent-Buffault, historienne et chercheuse en sciences sociales et autrice de *L'Exercice de l'amitié. Pour une histoire des pratiques amicales aux XVIIIe et XIXe siècles* (Seuil, 1995).

Anne Vincent-Buffault, l'amitié se vit-elle de la même façon au XXIe siècle que dans l'Antiquité ?

Non, bien sûr, les conditions d'exercice de l'amitié ont changé. Pour les Grecs de l'époque archaïque, la « philia », ce principe qui est le modèle des relations humaines, est une force cosmique qui permet d'unir des éléments et qui gouverne les lois de l'hospitalité d'une manière à la fois obligatoire et chargée d'affects. C'est pour cela qu'Ulysse est généralement bien accueilli durant son périple.

La « philia », dans la démocratie athénienne, est vraiment centrale : c'est le lien civique par excellence, la philanthropie. Aristote dit qu'en plus de la justice, il faut de la « philia » pour que se crée un véritable lien chaleureux entre les citoyens. Aristote entre dans le détail en disant qu'il y a une amitié supérieure aux autres : l'amitié vertueuse est au sommet de la pyramide. Les amis progressent ensemble sur l'échelle de la vertu. Il est intéressant de remarquer que pour Aristote la proximité de vie est importante : être amis, dit-il, « c'est partager un boisseau de sel », passer du temps ensemble, partager des repas... Avec l'ami tout est commun.

Et au Moyen Âge ?

Au Moyen Âge, l'amitié est essentielle : isolé, l'individu ne peut survivre, il faut qu'il s'appuie sur un réseau d'alliances. L'institution des parrains et des marraines touche toutes les classes de la société et on choisit souvent un ami d'enfance ou quelqu'un dont on peut attendre une protection. Dans le procès de Jeanne d'Arc ou durant l'Inquisition, on voit à quel point cela compte dans la paysannerie. Par contre, il existe un interdit du mariage entre les parents et les parrains et marraines.

L'amitié n'est pas forcément égalitaire : les amitiés peuvent être asymétriques, comme entre le suzerain et son vassal. Pourtant, la proximité est très grande : le seigneur et le chevalier partagent les repas, dorment ensemble, échangent les baisers de paix, c'est très charnel. Selon Philippe Ariès[1], personne n'y voyait malice. Les preuves d'amitié peuvent être tangibles : prêt ou don d'argent, entraide guerrière ou matérielle, menus cadeaux, communications fréquentes. De l'Antiquité au Moyen Âge, les amis sont prêts à aller au combat ensemble, à aller à la mort l'un pour l'autre. On peut citer Achille et Patrocle ou les chevaliers de la Table ronde... Jacques Derrida a bien remarqué que le spectre de la mort traîne dans toutes ces amitiés viriles.

Ce lien d'amitié change-t-il beaucoup au XVIe siècle ?

Il a évolué, c'est certain, même si l'idée de la mémoire de l'ami glorieux demeure puisque, par exemple, les *Essais* de Montaigne sont un tombeau pour La Boétie. Mais dans leur cas l'amitié est intellectuelle, avec moins de proximité : finalement ils se sont très peu vus. Ils se sont entre-lus, Montaigne a beaucoup admiré le *Discours de la servitude volontaire* de La Boétie avant de le rencontrer. La proximité s'est muée en une admiration intellectuelle et une « fusion des âmes », pour citer Montaigne. Lorsque La Boétie meurt, Montaigne ressent sa mort comme une déchirure, il perd la moitié de son être.

Cette idée demeure-t-elle au XVIIIe siècle ?

Elle évolue encore : on passe du mélange de l'affectif et de l'effectif au seul sentiment d'amitié qui s'exprime dans les correspondances et dans les gestes avec beaucoup d'effusion. Bien sûr, c'est davantage un idéal qu'une pratique : les amis continuent de s'entraider mais il ne faut pas que cela apparaisse comme le mobile de l'amitié.

Beaucoup d'essais célèbrent cette idée d'une amitié désintéressée et vertueuse qui est à l'origine de la socialité et de la civilité. Les historiens des salons littéraires et de la vie culturelle ont noté qu'en

1. Historien spécialiste de l'Ancien Régime, pionnier de l'histoire des mentalités, auteur de *L'Enfant et la vie familiale sous l'Ancien Régime* (Points Seuil, 1960).

réalité il y a toute une série d'échanges et que les amitiés peuvent être asymétriques : de grands aristocrates reçoivent des auteurs et des philosophes chez eux, les aident financièrement, obtiennent pour eux des pensions, des places. Rousseau en revanche prend à la lettre cet idéal de l'amitié. Il y a deux conceptions de l'amitié : celle de Diderot et de tous ses amis, l'amitié des honnêtes gens, et celle de Rousseau qui est sentimentale, sans attente de retour – « on suit son cœur et puis c'est tout ». Ce qui n'empêche pas les effusions : il y a une très jolie scène de retrouvailles entre Diderot et Grimm : ils s'étreignent, pleurent, s'embrassent... L'amitié et l'amour sont à peu près au même degré d'intensité. Par ricochet, l'amour conjugal est considéré comme un rapport d'amitié et surtout pas une relation passionnée.

Dans le courant du XVIIIe siècle, l'expression de l'amour sentimental et celle de l'amitié fervente tendent à se rapprocher. Une nouvelle sémantique de l'intimité s'affirme. L'amitié n'est plus opposée à l'amour : elle connaît aussi des transports avec plus de tendresse et moins de danger. La frontière entre amour et amitié est incertaine et agrémente les correspondances des charmes de l'ambiguïté. Un bon mariage est d'ailleurs davantage fondé sur une amitié tendre que sur la passion. Le succès de ce code repose sur l'émergence d'un espace privé, la relative liberté des engagements affectifs hors des obligations familiales et statutaires. Elle se fonde sur ce qui est personnel : il s'agit de nouer des relations affectives et de s'intéresser à la singularité d'autrui. Une historienne qui a fait toute une étude sur la correspondance a mis en évidence que cette forme d'expression de l'amitié touche tous les milieux cultivés. C'est un code de l'affectivité qui émerge où on ne s'embarrasse plus de formules de politesse, où l'on s'épanche, on livre ses pensées.

On parle là d'amitiés viriles, mais qu'en est-il des amitiés féminines ?

Traditionnellement, les amitiés entre femmes sont déconsidérées : leurs bavardages ne sont que caquetages. Cela ne veut pas dire que les femmes n'étaient pas amies entre elles, mais les représentations leur sont défavorables. On commence à voir apparaître au XVIIe siècle, avec les Précieuses, des amitiés mixtes qui sont valorisées : les femmes accèdent à l'échange, à la conversation, aux salons. Les femmes du XVIIIe siècle connaissent l'amitié, sentiment privé, en la rendant publique par la publication d'essais et de romans sur le sujet ou en laissant circuler leurs correspondances amicales dans des cercles plus restreints. Elles y révèlent leur sensibilité et leur esprit aux amateurs et y gagnent une forme de reconnaissance, d'abord auprès de leurs amis, puis de réputation. Les femmes qui écrivent des essais sur l'amitié (la marquise de Lambert[1], Mme Thiroux d'Arconville[2]) nous permettent de caractériser un idéal amical de l'honnêteté où la sensibilité demeure modérée.

Madame Riccoboni[3] est sans doute le parangon de l'amitié féminine du XVIIIe siècle. Elle écrit des romans épistolaires où l'amitié est la confidente qui permet de célébrer la solidarité féminine. Dans ses œuvres romanesques, mélange de féminisme et de sentimentalité, le personnage de l'amie permet l'échange confiant et idéal opposé aux troubles de la passion et à l'attitude masculine, dominatrice et souvent erratique. Elle permet l'élaboration d'un « nous », regard féminin partagé sur le monde et la condition féminine.

Au XVIIIe siècle s'écrivent de belles correspondances entre jeunes filles, entre femmes. Au début du XIXe siècle, George Sand décrit le couvent où elle est pensionnaire comme le paradis des amitiés et des complicités. Les amitiés de jeunesse prennent alors une

---

1. Anne-Thérèse de Marguenat de Courcelles, marquise de Lambert (1647-1733), salonnière et femme de lettres. L'éducation (*Avis d'une mère à son fils*, *Avis d'une mère à sa fille*) et l'amitié (*Traité de l'Amitié*) sont ses sujets de prédilection.
2. Marie-Geneviève-Charlotte Thiroux d'Arconville (1720-1805), à la fois romancière et anatomiste, a écrit entre autres un essai sur l'amitié, *De l'Amitié*, en 1761.
3. Marie-Jeanne Riccoboni (1713-1792), comédienne et romancière. Elle a publié notamment les *Lettres de Fanny Butler* et les *Lettres de Milady Juliette Catesby à Milady Henriette Campley, son amie*.

nouvelle place, apparaissent comme formatrices de la personnalité dans les collèges et les couvents. Et ce modèle existe encore aujourd'hui : le XIXe siècle a inventé l'adolescence comme âge de l'amitié. À la fin du XIXe siècle, en revanche, les éducateurs commencent à craindre les amitiés particulières et la surveillance s'exacerbe. On finit par promouvoir la mixité de l'enseignement comme remède. C'est à ce moment qu'apparaît tout ce mouvement à la fois moral et médical.

Pour les femmes, le mouvement se poursuit au XXe siècle.
Les femmes ont accès à de nouveaux espaces publics, elles construisent plusieurs cercles de socialité. Elles connaissent ce que l'on appelle le « feuilletage » des amitiés : amitiés de jeunesse, professionnelle, sportive, associative. Elles travaillent, sortent du foyer, ne sont plus réduites à la vie domestique. Les liens d'amitié ont pourtant une couleur plus intime que pour les hommes : c'est la confidence, les secrets échangés, l'analyse des relations humaines. Un sociologue anglais, Anthony Giddens, explique que cela leur donne un temps d'avance en termes de réflexivité. Dans nos pratiques, nous avons des amitiés différentes, d'intensité différente. Ce sont des relations libres, sans obligations.

Les liens amicaux seraient-ils tolérants aujourd'hui ?
Certainement. Plus plastiques, en tout cas, mais ils apportent aussi un fil de continuité que l'amour ne tient plus. Cela permet d'avoir des points de repère et d'appui tout en demeurant libre. Mais dans cette relation sans contrat ni obligation nous sommes liés sur les plans affectif et pratique : cela peut être une valeur refuge.

Et les amitiés des réseaux sociaux ?
Ce sont des contacts, pas des amitiés. Les amis sont présents mais ne sont pas si nombreux qu'il y paraît. Les études sur les réseaux sociaux montrent que l'essentiel de l'activité des internautes se concentre sur cinq ou six amis vrais, pas davantage. Ce qui

rejoint d'autres études indiquant que la plupart des gens déclarent généralement avoir cinq ou six amis. Ce n'est donc pas différent. Pour survivre, on sait que l'on a besoin d'avoir à la fois des liens forts, qui sont l'amour et l'amitié, et des liens faibles, qui sont les réseaux de contact. La théorie de Mark Granovetter, « La force des liens faibles », indique par exemple que pour chercher du travail nous sommes tenus de faire appel à nos liens « faibles » parce qu'ils ne sont pas engagés affectivement et seront donc peut-être plus objectifs, plus efficaces. Il y a des conditions sociales, bien sûr, qui favorisent cette efficacité et renforcent les privilèges, ce que l'on appelle les renvois d'ascenseur, l'entre-soi. Les réseaux sociaux professionnels en sont un exemple. Mais ces liens faibles peuvent aussi favoriser des solidarités et des mobilisations. Les réseaux sociaux donnent également la possibilité de retrouver d'anciens amis ou d'anciennes connaissances. Dans un monde où tout change, c'est une sorte de mémoire sociale à disposition.

C'est la question de la dette que vous évoquez.

C'est cela. La relation plus lointaine, plus mince, évite ce genre de réactions. Personne ne doit rien à personne mais le plaisir de la socialité irrigue ces réseaux. L'amitié, c'est la grâce et le don : il ne faut pas d'échange économique. Dans un monde où l'économie est très importante, on peut s'y enliser.

L'argent serait-il un poison pour l'amitié ?

Je ne sais pas si des études ont été faites sur ces questions mais sous l'Ancien Régime les gens n'arrêtaient pas de se prêter de l'argent ! Je ne sais ce qu'il en est aujourd'hui. Je crois que c'est surtout la famille qui vient en aide financièrement. Je pense que les obstacles à l'amitié sont plutôt à aller chercher du côté de l'ambition. C'est ce que déclare Philippe Soupault, le surréaliste, dans son essai sur l'amitié. Il donne l'exemple de Picasso qui a laissé tomber son ami Apollinaire accusé injustement d'un vol au musée du Louvre : son ambition de peintre primait sur tout le reste. Si votre ambition est en concurrence avec celle de votre ami, cela peut être difficile. Nous sommes tous ambivalents, mais la générosité fait partie de l'amitié. Nous nous réjouissons des joies de nos amis et nous partageons leurs peines ; c'est un plaisir altruiste que les Américains appelle le « *warm glow* ».

Le confinement est-il un obstacle à l'amitié ?

Pour une part, même si on prend des nouvelles de ses amis. En tant qu'historiens, nous travaillons beaucoup sur les correspondances amicales. Le sentiment de l'amitié se relate, se raconte, s'adresse. Espace sismographique de l'attente et de l'inquiétude, de la demande et du don, de la preuve d'amitié, la matérialité de la lettre est scrutée, comme nous l'a appris Geneviève Haroche-Bouzinac[1], avec son rythme, sa temporalité, sa cadence.

Genre littéraire qui développe l'intimité, les lettres des amis sont lues dans un cercle plus large où la vivacité des traits propres à amuser les honnêtes gens importe autant que les signes d'amitié. Ces lectures dessinent des réseaux : on peut parler d'une mise en scène flatteuse de l'amitié. L'éloignement n'est pas un problème dans les amitiés littéraires, cela devient même un genre à part entière car leurs lettres sont souvent publiées. Flaubert et Maxime Du Camp ou Mirabeau et Chamfort en sont de bons exemples...

Mais les correspondances ne cessent de réclamer la présence et pour nous, en ces temps de confinement, il est difficile de ne pas voir ses amis. La proximité physique est importante. Converser à plus d'un mètre cinquante, c'est compliqué. Les études d'Edward T. Hall dans *La Dimension cachée* indiquent que dans les relations d'intimité, nous nous tenons à cinquante centimètres les uns des autres et dans les relations publiques à plus de deux mètres (par exemple quand une personne s'adresse à un auditoire). Nos repères sont donc brouillés, nous sommes embarrassés. On ne dit pas la même chose à deux mètres qu'à cinquante centimètres. Et quand on est masqué on

1. Geneviève Haroche-Bouzinac, *L'Épistolaire*, *Hachette*, 1995.

perd les expressions, les non-dits... Dans l'amitié, les moments vécus ensemble sont fondamentaux. Nous sommes des animaux sociaux : nous vivons grâce à nos amis, à nos connaissances...

Qu'en est-il des ruptures amicales ?

Elles sont douloureuses mais souvent tues. Le lien amical est un peu l'idéal du moi, et si cela s'effondre on est très atteint. Avec l'ami on cherche à être meilleur que soi-même : quand les amis se déchirent, c'est traumatisant.

Comment les amitiés peuvent-elles durer toute une vie ?

Quand il n'y a pas trop de divergences de trajectoire ou d'opinions, elles ne s'effilochent pas. Il me semble aussi que si elles durent, c'est que nous les cultivons. Une amitié ne se prolonge pas par miracle : il y a une manière de prendre soin de l'autre, même si on ne se voit pas souvent. Cela demande des efforts, y compris vis-à-vis des conjoints des amis, que nous n'avons pas choisis par définition. Il faut dégager du temps pour se voir en tête à tête, et avec toutes nos obligations ce n'est pas toujours facile.

Il y a l'épreuve des vacances passées ensemble...

Ce sont les plaisirs de la convivialité mais aussi la vie commune, les rythmes, les goûts, le partage des tâches. Et si on ajoute les différences d'éducation des enfants, c'est l'occasion de quelques incompréhensions. Mélanger famille et amitié n'est pas forcément facile. Ces épreuves renforcent les amitiés ou les ébrèchent. L'amitié nécessite un esprit de tolérance associé à une liberté de parole : c'est un dosage délicat. L'histoire nous donne de beaux exemples de ces communautés d'amis.

George Sand était selon Michelle Perrot[1] une parfaite hôtesse à Nohant, et on s'amusait beaucoup dans ce phalanstère d'artistes,

---

1. *George Sand à Nohant – Une maison d'artiste*, Seuil, 2018. L'historienne Michelle Perrot (née en 1928) a notamment coécrit avec Georges Duby une *Histoire des femmes en Occident*, Plon (1990-1991).

cette communauté utopique et fort talentueuse de musiciens (Liszt, Chopin, Pauline Viardot), de peintres (Delacroix, Rousseau), d'écrivains (Flaubert, Dumas, Fromentin, Renan, Tourgueniev...), en pratiquant le jeu, le théâtre, la conversation. On y mangeait bien aussi. Cet idéal de la communauté d'amis revient en force à notre époque chez les jeunes.

RETROUVEZ *GRAND BIEN VOUS FASSE !* EN PODCAST

- **Doit-on partir en vacances avec ses amis ?**
- **L'amitié, ce lien si particulier.**
- **Faut-il rester ami avec son ex ?**
- **Qu'est-ce qu'une vraie rencontre ?**
- **Le temps des copains.**
- ***Friends*, les copains d'avant.**

Entre le médecin ou le thérapeute et son patient des liens se nouent, indispensables au chemin vers la santé.

CES LIENS QUI GUÉRISSENT

Un lien complexe, fait de confiance, d'affection, parfois de dépendance, de défiance ou de colère...

AVOIR CONFIANCE, UN PREMIER PAS VERS LA GUÉRISON ?

Qu'on le veuille ou non, dès que nous posons le pied dans le cabinet d'un médecin, le lien thérapeutique pointe son nez, quitte à s'évanouir à peine esquissé : le patient peut disparaître, le médecin ne pas investir la relation...

Nous avons tous connu des médecins odieux et méprisants, reliquats de l'époque où les praticiens (en particulier hospitaliers) représentaient le savoir, la réussite sociale et la notabilité. Durant des siècles, la relation de soin s'est déroulée sous le signe du pouvoir : la blouse blanche parlait, le malade se taisait. Que le docteur Knock de Jules Romains puisse demander à ses patients « Ça vous gratouille ou ça vous chatouille ? » faisait rire par son excès parce que cela renvoyait à une réalité vécue. En 2021 les choses ont bien changé : la prise en charge des malades, les associations, Internet et la Covid-19 sont passés par là.

QU'EST-CE QUE L'ALLIANCE THÉRAPEUTIQUE ?

La relation avec le médecin est reconnue comme un élément important de la réussite du soin. Pour que le patient accepte le diagnostic puis qu'il passe au traitement, depuis l'observance de la prescription et des analyses jusqu'à la chirurgie et aux soins postopératoires. Il s'agit pour le patient de reconnaître la compétence de son médecin mais aussi, pour le médecin, d'instaurer une atmosphère de sécurité propice à la prise en charge.

La notion d'alliance thérapeutique a été évoquée par Sigmund Freud en 1913 dans un texte intitulé « Le début

EN THÉRAPIE

Portée par le duo de cinéastes Éric Toledano et Olivier Nakache, entourée d'un prestigieux casting et d'une équipe de scénaristes et d'autres réalisateurs, *En thérapie* est l'adaptation de la série israélienne *BeTipul*, recontextualisée au lendemain des attentats de Paris en 2015. À travers les séances hebdomadaires de cinq patients, elle porte un regard plein d'humanité sur les failles et les contradictions d'une société française en état de choc.

Réalisée par Éric Toledano et Olivier Nakache, Mathieu Vadepied, Pierre Salvadori et Nicolas Pariser. Avec Frédéric Pierrot, Carole Bouquet, Mélanie Thierry, Reda Kateb, Clémence Poésy, Pio Marmaï, Céleste Brunnquell. Musique originale : Yuksek. Coproduction : ARTE France, Les Films du Poisson, Federation Entertainment et Ten Films (France, 2020, 35×26').
Les 35 épisodes sont disponibles à l'achat sur arte.tv, en VOD ou DVD.

du traitement », dans lequel il indique qu'il n'est pas possible à l'analyste d'interpréter « avant qu'un transfert sûr, un rapport favorable, aient été établis chez le patient. Le premier but de l'analyse est d'attacher l'analysé à son traitement et à la personne du praticien ».
Cette idée, ici strictement liée à la cure psychanalytique, a été étendue à l'ensemble de la prise en charge des patients. La notion a évolué peu à peu ; elle a été explorée en particulier par les thérapeutes nord-américains. En 1990, indiquent quatre auteurs de la *Revue Médicale Suisse*[1], Louise Gaston

1. J.-N. Despland, Y. de Roten, E. Martinez, A.-C. Plancherel et S. Solai, « L'alliance thérapeutique : un concept empirique », *Revue Médicale Suisse*, 2000.

propose des facteurs nécessaires à la mise en place de l'alliance thérapeutique :

★ l'alliance de travail, basée sur la capacité du patient à travailler dans la thérapie;

★ l'alliance thérapeutique, définie comme le lien affectif du patient au thérapeute;

★ la compréhension et l'engagement affectif du thérapeute pour le patient;

★ l'entente entre le patient et le thérapeute à propos des tâches spécifiques liées au déroulement du traitement et sur les buts généraux de celui-ci.

Plus généralement, toutes les définitions s'accordent pour inclure des dimensions de collaboration, de mutualité et de négociation.

COMMENT OBTENIR UNE RELATION DE CONFIANCE ?

L'approche a donc définitivement changé : fini le temps du médecin autoritaire, qui informait à peine le malade ou, pire, refusait de lui dire ce qui le concernait (Isabelle, psychologue, se rappelle avoir dû, dans les années quatre-vingt, arracher au neurologue qui suivait sa mère le diagnostic de la maladie d'Alzheimer), le maintenant dans une position infantilisante d'infériorité et de dépendance. À présent, Il s'agit d'engager une vraie collaboration avec le médecin et l'ensemble des soignants. La « grande visite » du chef de service, qui regardait à peine le malade et s'adressait à ses étudiants par-dessus le lit, appartient désormais à un autre temps. Les étudiants en médecine des années deux mille vingt suivent des cours de déontologie et apprennent l'art de la prise en charge : le patient est devenu un acteur à part entière du déroulement de son traitement. Cette dimension est sans cesse rappelée au cours des études. « Même s'il y a des cours d'éthique, la question de la manière de prendre en charge un patient, de lui parler, d'établir le contact et d'annoncer les nouvelles est abordée quotidiennement dans la pratique des stages », explique un étudiant en sixième année de médecine dans une grande université parisienne.

Pour y voir plus clair, des études identifient quatre « états » du patient comme du médecin. Pour le patient ce sont la passivité, la dépendance, la coopération et l'autonomie; pour le médecin il s'agit du contrôle, de l'expertise, du partenariat et de la facilitation. La relation s'équilibre lorsqu'il y a correspondance des états deux à deux et en particulier (et c'est cela qui devrait être visé dans la relation) entre « autonomie » et « facilitation ».

Du point de vue administratif, les patients ont accès à leur dossier (depuis la loi du 4 mars 2002), ce qui entraîne pour les soignants l'obligation de veiller à l'exactitude des informations et à leur mise à jour, mais aussi celle de prendre en compte les patients en tant que partenaires. Dans le cas de la prise en charge des maladies chroniques (en particulier les cancers), l'information claire des patients sur le diagnostic et le pronostic est devenue la règle. Il est de plus en plus question d'alliance thérapeutique : médecin ou équipe médicale, soignants et patients travaillent ensemble à la réussite du traitement, proposé et discuté avec le malade afin d'aboutir à un accord sur les choix thérapeutiques.

Ça, c'est dans un monde idéal ; dans la réalité, les difficultés sont nombreuses et les vieux réflexes ont la vie dure, en particulier en gynécologie-obstétrique, souligne Martin Winkler, écrivain et médecin, qui ne cesse de dénoncer dans ses ouvrages la survivance d'une posture obsolète : « Les violences obstétricales existent partout mais la France en est championne, parce qu'il existe en France ce paternalisme médical très ancien. Le paternalisme n'est pas inhérent à la médecine, mais inhérent à la société française[1]. »

Dans la réalité, les difficultés sont nombreuses et les vieux réflexes ont la vie dure.

S'INFORMER SUR INTERNET, BONNE OU MAUVAISE IDÉE ?

Une nouvelle donnée s'est invitée dans la relation thérapeutique : les malades s'informent beaucoup sur Internet et ont la tentation de remettre en cause la parole médicale. Ce qui est une bonne chose ou pas. « Bonne chose, remarque Thomas M., étudiant, parce que cela permet d'expliquer plus en détail son état et les traitements au patient, et mauvaise chose parce que souvent les informations sont fantasmées, reçues sans filtre et sans connaissances appropriées. La tentation peut être grande de vouloir être plus "médecin" que le médecin. » Quant aux théories vaseuses, aux thérapies prétendues « naturelles », de plus en plus nombreuses, elles peuvent devenir de véritables obstacles aux soins. Le docteur S. se souvient de ce jeune malade d'une trentaine d'années, atteint d'un grave

1. Martin Winkler, entretien sur le site Slate.fr, octobre 2020.

cancer et qui, sous la pression d'un « naturopathe », préféra poursuivre un traitement alternatif à base de vitamine C. Son décès survint rapidement. Pour le médecin, l'accord thérapeutique avait échoué.

Un véritable accord médecin/malade n'est pas toujours simple à atteindre. Et le patient peut décider d'y mettre un terme. Pauline, jeune mère, se souvient de cette pédiatre qui la culpabilisait à chaque visite et attrapait sa fille par les pieds et les bras comme un vulgaire poulet. « Ce jour-là, j'ai décidé de ne plus remettre un orteil dans son cabinet. Et grâce à une amie j'ai trouvé un pédiatre formidable. Certes, je devais rouler vingt kilomètres pour aller chez lui, mais ça en valait vraiment la peine. Mes enfants étaient contents d'aller passer les visites ! Et moi, j'étais en totale confiance. »

Confiance... le maître mot du lien thérapeutique.

À la rencontre de...

BAPTISTE BEAULIEU

Baptiste Beaulieu est médecin, chroniqueur dans *Grand bien vous fasse !* et romancier, auteur notamment de *Toutes les histoires d'amour du monde* (Fayard).

Comment envisagez-vous votre relation avec vos patients ?
Je crois que la nouvelle génération de médecins est de plus en plus sensible à l'analyse de l'alliance thérapeutique avec les patients. Entre une personne – le patient – qui n'a pas les connaissances médicales, inquiète pour sa santé, et une personne « sachante » – le médecin –, il y a une vraie asymétrie. Je crois que la première étape pour construire une relation thérapeutique solide c'est d'avoir conscience de ce rapport de forces et d'essayer autant que possible de rétablir un équilibre au bénéfice du patient. Il ne faut pas hésiter à prendre le temps d'expliquer, de décrire au patient ce que l'on fait, pourquoi on le fait, et toujours lui dire qu'il reste libre de son corps, de ses choix. En tant que médecin, on a tendance à aller vite, à imposer une thérapeutique sans expliquer, et du coup on risque un premier échec de l'alliance thérapeutique, dans l'observance du traitement. Si le malade n'adhère pas à ce qu'on lui propose, il n'appliquera pas, ou pas bien, les recommandations.

Qu'en est-il de l'écoute du patient ?
Elle est très importante mais n'est pas enseignée à l'université. Or il ne s'agit pas seulement de s'asseoir et d'écouter. L'écoute est quelque chose de particulier. Je me suis aperçu qu'avec la diminution du nombre de médecins, l'augmentation du nombre de patients âgés qui présentent davantage de polypathologies, l'écoute demande plus de temps. Il faut savoir que le temps de consultation disponible

est passé de seize minutes dans les années quatre-vingt, quatre-vingt-dix à sept minutes aujourd'hui ! Je me demande alors quel est l'espace laissé pour les circonlocutions nécessaires à certains patients avant d'arriver au cœur du sujet qui les préoccupe. Certaines personnes ont besoinde parler de leur dos durant seize minutes avant d'en arriver à leur problème, en général à la fin de la consultation.

Comment faites-vous, alors, pour leur accorder ce temps nécessaire ?
C'est une question d'adaptation : je passe moins de temps avec le jeune de dix-huit ans qui vient pour un certificat pour le sport qu'avec la patiente de vingt-cinq ans qui s'assied et se met à pleurer. Avec elle, je prendrai trente minutes. J'essaie de faire comprendre à mes patients que s'ils viennent pour parler, s'il y a quelque chose d'important, je prendrai toujours le temps de les écouter. Mais s'ils viennent pour un petit bobo, j'irai sans doute plus vite. Les patients comprennent très bien parce qu'ils savent que le jour où ils en auront besoin, je serai là. Par ailleurs, l'alliance thérapeutique, et c'est important, se construit sur le long terme. On peut toujours laisser la porte ouverte si on est pressé, dire : « Aujourd'hui c'est un peu compliqué pour vous accorder davantage de temps, mais revoyons-nous la semaine prochaine. » C'est très important en particulier dans tous les cas de violence sexuelle, conjugale, familiale. Souvent, des patientes ont besoin d'un moment pour laisser les choses mûrir.

Comment faites-vous pour que, le cas échéant, vos propres réactions d'impatience, d'exaspération ou de fatigue ne viennent pas entacher la relation avec le patient ?
De mon point de vue, toujours dans le souci d'éviter une relation de pouvoir, il est important de dire les choses. On ne peut pas être à la fois le « sachant » et garder pour soi des émotions négatives qui peuvent être néfastes

pour le patient. Il m'arrive de dire : « Écoutez, là ça ne va pas dans la relation thérapeutique qu'on essaie de construire. Qu'en pensez-vous ? » Il m'est arrivé aussi de dire : « Je ne peux plus vous suivre, cela ne fonctionne pas, je serai un mauvais médecin avec vous, je vous propose de vous adresser à un confrère. » Certains patients prennent la mouche, mais d'autres comprennent. Il est néanmoins rare qu'on en arrive à ça. Avec une bonne communication, cela se débloque. Un exemple : avec les personnes transgenres que j'accompagne et qui s'en prennent plein la figure, je mets toujours les choses au clair lors de la première consultation. Je leur dis : « Je sais ce que vous subissez dans la vie. Ce n'est pas pour que vous subissiez la même chose ici. Si jamais je dis ou je fais quelque chose qui vous blesse, surtout je veux que vous m'en parliez et que vous ne repartiez pas avec de la tristesse ou un malaise... » La plupart du temps, ils ont une réaction très positive. Ils sont au cœur de la relation médecin/patient et cela rééquilibre le rapport de forces.

Comment faites-vous pour absorber tout ce que vous recevez en consultation comme émotions, comme tensions ?
Ce n'est pas toujours simple. Un patient qui m'appelle à 21 h, à une heure de repos, je réagis mal. Cela empiète sur mon espace. Depuis que je me suis installé, il y a quatre ans, j'ai pris dix kilos ! Et je suis en colère face aux injustices... À un moment, j'ai intégré un groupe Balint[1], où l'on se retrouve entre pairs pour essayer de sortir ce que l'on a sur le cœur, mais je n'ai pas continué parce que j'avais l'impression que les souffrances se cumulaient et que ce n'était pas de cela que j'avais besoin.

---

1. Groupes de soutien à destination des soignants, d'inspiration analytique, fondés en 1949 en Angleterre par Michael Balint. Ces groupes de huit à douze médecins se retrouvent régulièrement sous la supervision d'un psychanalyste pour réfléchir à un cas clinique qui a posé un problème.

Avez-vous envisagé de faire une psychothérapie ?
Oui, après une intervention au SAMU durant laquelle une enfant est décédée dans des conditions très difficiles, je suis allé une ou deux fois par mois pendant trois ans chez une psychanalyste qui était géniale. Ça me faisait du bien mais au bout d'un moment j'ai eu besoin de faire d'autres choses.

Est-ce que l'écriture vous aide ?
Je ne sais pas, mais je serais curieux de voir quelle personne je serais si je n'avais pas eu l'écriture...

Internet a-t-il changé quelque chose dans le lien avec vos patients, lorsque, par exemple, ils ont déjà tout lu sur leur pathologie et remettent en cause vos connaissances ?
Internet a sûrement bouleversé les choses mais je ne reprocherai jamais à un patient d'essayer de trouver des informations sur un problème qui le concerne personnellement. Les médecins qui râlent contre ceux qui vont sur Internet n'ont absolument rien compris aux malades. Leur jeter la pierre me paraît vraiment hors de propos. Notre rôle est d'en discuter avec eux, d'apporter des explications, des informations. Un médecin ne peut pas s'abstraire de la société dans laquelle il vit : nous vivons dans une société numérique et il faut faire avec ! C'est aussi une manière de respecter le malade dans sa souffrance que de reconnaître qu'il est normal qu'il essaie de trouver une solution à son problème. Il a peur, il est inquiet ! Cela nous oblige aussi à une forme d'humilité. Un de mes malades souffre d'une pathologie très rare. Il en sait plus que moi parce qu'il passe ses journées à lire toutes les communications sur le sujet !

RETROUVEZ BAPTISTE BEAULIEU LE LUNDI À 10 H 45 DANS *GRAND BIEN VOUS FASSE !* DANS SA CHRONIQUE, ALORS VOILÀ. BAPTISTE BEAULIEU PASSE L'HÔPITAL AU SCANNER ET, DES URGENCES AUX SOINS PALLIATIFS, DÉPEINT AVEC LÉGÈRETÉ ET HUMOUR CET UNIVERS.

- Ce qui a rendu mon métier de médecin généraliste magnifique ce jour-là !
- Une petite note humaniste et douce.
- Non (et heureusement), la médecine ça n'est pas (que) de la technique.
- Est-on jamais assez attentif dans la vie ?
- Madame Soledad et tous les autres : « Vous avez mal partout ? Vous avez surtout besoin d'être écoutés. »
- Une autre histoire de partage.
- L'important, c'est vous, et comment vous vous sentez.
- De l'humilité du médecin.
- Qu'est-ce qu'un bon médecin ?

« EN FONCTION DE LA RELATION THÉRAPEUTIQUE, UN PRODUIT AGIRA MIEUX OU MOINS BIEN. »

L'éclairage de Patrick Lemoine

Placebo, un mot passé dans le langage courant. « Je ne vais pas prendre ce traitement, c'est un placebo… » Mais savons-nous vraiment ce que c'est ? Et un nocebo ? Le docteur Patrick Lemoine, psychiatre et docteur en neurosciences, auteur, entre autres, du *Mystère du placebo* (Odile Jacob) et du *Mystère du nocebo* (Odile Jacob), explique les ressorts de ce mystérieux phénomène, expression la plus frappante du lien entre médecin et patient.

Patrick Lemoine, qu'est-ce qu'un placebo, exactement ?

Ce terme recouvre plusieurs concepts, ce qui explique que des confusions soient possibles. D'abord, c'est l'objet : de la poudre de perlimpinpin, c'est-à-dire une substance pharmacologique inerte, donnée dans un but thérapeutique. Autrement dit, si je vous donne du sucre pour votre café, c'est du sucre ; si je le mets dans une gélule et que je vous dis que ça va vous faire du bien, c'est un placebo. Et puis il y a les placebos « impurs » : des substances commercialisées qui n'ont pas prouvé leur efficacité, comme le magnésium, les antifatigues, l'homéopathie, ou bien des produits efficaces, détournés de leur indication, par exemple la vitamine C, utile contre le scorbut mais dont l'efficacité dans la lutte contre la fatigue n'est pas prouvée. Mais ce qui nous intéresse, c'est l'effet placebo.

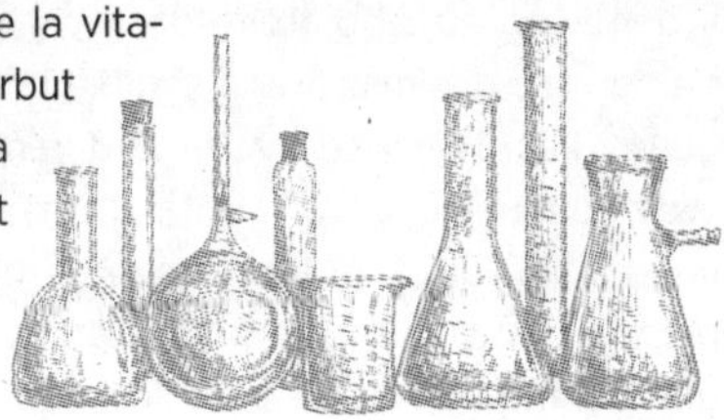

Comment le définiriez-vous ?

C'est l'écart entre ce que l'on est en droit d'attendre scientifiquement d'un traitement, par exemple l'aspirine, dont les effets se font sentir au bout de vingt à trente minutes et durent entre quatre et six heures, et l'effet constaté. Par exemple, si je suis un très bon médecin, l'aspirine que je vous prescris pourra faire effet toute la journée.

Et l'effet nocebo ?

C'est le contrepoint du placebo : la même aspirine n'agira pas et en plus provoquera une douleur à l'estomac. C'est l'écart négatif entre ce que l'on est en droit d'attendre du point de vue pharmacologique et ce que l'on observe cliniquement. On voit d'emblée se profiler ce marqueur de la relation thérapeutique : en fonction du contexte de prescription, le même produit – l'aspirine, en l'occurrence – agira mieux ou moins bien que prévu.

Comment expliquer ces phénomènes ?

On le sait, et cela a été étudié, c'est l'action de la relation thérapeutique entre un médecin et son patient qui provoque cet effet. Le meilleur exemple de ce lien médecin/patient, c'est l'histoire du docteur Wolf, un médecin interniste américain des années soixante réputé pour son honnêteté et son désir de comprendre. Ce médecin avait un patient asthmatique sévère, malade depuis dix-huit ans. Aucun traitement n'était efficace (à l'époque, on disposait de peu de choses). Le docteur Wolf découvre dans la littérature scientifique qu'une nouvelle molécule est à l'étude. Il demande au laboratoire des échantillons de ce produit, qu'il s'empresse d'administrer à son patient. Le lendemain, celui-ci est guéri ! Pas une crise d'asthme durant deux semaines. Honnête, Wolf doute de ce beau résultat, l'attribuant à un bel effet placebo. Il demande donc au laboratoire de bien vouloir lui envoyer des placebos sous la même présentation. Il les donne à son patient, qui rechute ! Le docteur Wolf recommence le même protocole plusieurs fois : produit actif, suivi du placebo, etc. Il passe définitivement au produit actif et le malade va très bien. Il communique alors ses observations au laboratoire. Et le laboratoire répond : « Depuis le début, vous n'avez reçu que des placebos. »

Que peut-on en déduire ?

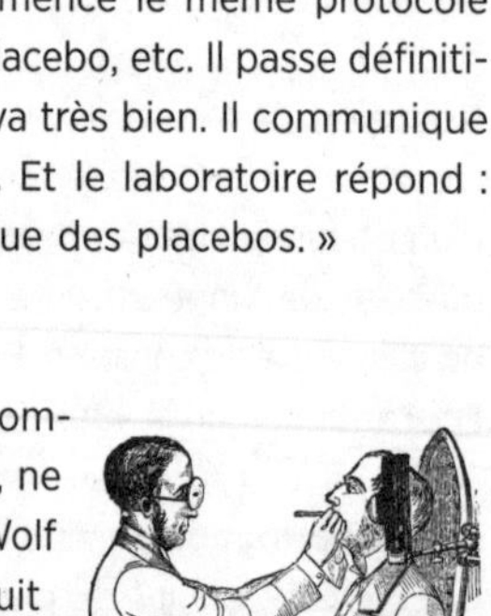

Première observation : il faut bien comprendre que les médecins, en général, ne mentent pas. Donc, quand le docteur Wolf donnait ce qu'il pensait être le produit actif, il devait être assez guilleret, alors que lorsqu'il donnait le placebo, on peut supposer (cela reste spéculatif) qu'il était moins enthousiaste. Et le patient captait inconsciemment le contentement ou la honte du médecin, et traduisait instantanément ce sentiment en effet placebo ou en effet nocebo. On voit bien que, selon la qualité de la relation médecin/patient, la même substance sera efficace ou non.

Ce serait donc une question de confiance entre le médecin et son patient ?

Eh bien non ! Et c'est ce qui est le plus intéressant : les mécanismes non conscients ne sont pas de cet ordre. Je peux très bien me dire « Qu'il est bien, ce médecin ! » et avoir une réticence inconsciente, et inversement. Un exemple qui me concerne : je suis « coupeur de feu », c'est-à-dire que je suis connu pour supprimer les douleurs dues à une brûlure, uniquement en usant de paroles et de gestes magiques. Je n'y crois absolument pas mais cela marche formidablement bien avec mes proches, même avec les tout-petits !

Comment expliquez-vous cela ?

C'est une magnifique manifestation de l'effet placebo, ce qui ne veut pas dire que cela ne fonctionne pas et que c'est de l'autopersuasion, au contraire !

On peut se poser la question : certains médecins ont-ils une plus forte influence en matière d'effet placebo, ou l'inverse ?

Pour les médecins, non. Beaucoup d'études psychologiques ont été menées qui ont prouvé que cela n'existe pas. En réalité, cela dépend des domaines du médecin : dans un domaine particulier, tel médecin sera placebo-inducteur et pas du tout dans d'autres. Par exemple, un généraliste qui aime beaucoup la gériatrie, qui a un très bon contact avec les vieilles dames, sera formidable avec elles mais nocebo-inducteur avec les ados ! Mais il y a d'autres choses : un médecin dont la consultation est chère et qui prend son temps sera plus placebo-inducteur qu'un autre praticien qui expédie ses consultations au tarif de base.

Et qu'en est-il des malades ? Certains sont-ils plus réceptifs que d'autres ?

Même réponse : non. Le domaine où le placebo est roi, c'est la douleur. Il a été montré que selon les douleurs, le placebo a une efficacité comprise entre 4 % et 85 % ! Les douleurs les plus sensibles à l'effet placebo sont celles de l'angine de poitrine. Une douleur tellement angoissante que l'on pense qu'on va mourir. Il suffit de donner n'importe quoi, eau distillée ou poudre de perlimpinpin : tout marche... à condition que ce soit un professionnel qui le prescrive. À tel point qu'avant l'invention de la trinitrine, l'académie américaine de médecine avait interdit toute publication pour des produits divers et variés parce que l'on était toujours à 85 % d'efficacité, alors qu'en réalité le produit n'était pas efficace. Le cas où ça ne marche pas est celui de la douleur expérimentale, c'est-à-dire celle qui vous est infligée au cours d'une étude et que vous pouvez arrêter en levant le doigt. Ce ne sont donc pas des traits psychologiques qui induisent l'effet placebo mais l'attente : l'angine de poitrine est tellement angoissante que dès qu'un produit est donné par le médecin, il fonctionne. Seule nuance : un patient conformiste, déférent, sera plus sensible à l'effet placebo qu'un patient rebelle. C'est donc cette mystérieuse alchimie entre un médecin, son patient et un symptôme particulier qui permet d'expliquer l'effet placebo.

Si ce lien médecin/patient permet de déclencher l'effet placebo et de soigner, la médecine de Molière pourrait-elle suffire ?

C'est ce que l'on pourrait se dire. Mais non ! Il faut bien comprendre que depuis le premier code d'Hammourabi (1750 avant J.-C.) jusqu'à la découverte des antibiotiques, des vaccins et de la cortisone, la médecine n'a été qu'une placebothérapie. La médecine avait une fonction de diagnostic, de pronostic et de consolation : le médecin était un intermédiaire entre un pécheur et une divinité. Aujourd'hui c'est un technicien, intermédiaire entre la science et un malade. Un malade qui se renseigne, va sur Internet pour découvrir ce qu'il a. La médecine d'aujourd'hui est efficace, c'est indéniable. Oui, l'effet placebo guérit tout. Mais il est imprédictible : parfois ça marche, parfois ça ne marche pas ! De mon point de vue, un bon médecin met tout en œuvre pour que l'effet placebo se mette en place et vienne en renfort du traitement.

Et très important : il faut choisir un médecin qui soit convaincu par l'effet placebo. Un médecin qui reste neutre et purement technique n'aide pas à la guérison.

Sait-on maintenant ce qui se passe dans le cerveau avec l'effet placebo ?

Oui, on le sait. Un exemple : prenez un rat, vous lui incisez la peau du crâne avec un bistouri sale, vous lui mettez un gros pansement et vous refermez. Une semaine plus tard, le rat a multiplié les globules blancs pour lutter contre l'infection. Vous le faites trois fois. La quatrième fois, vous anesthésiez le rat comme auparavant, mais vous ne lui faites rien, vous vous contentez de mettre le pansement : une semaine plus tard, le rat aura de nouveau multiplié les globules blancs, comme les fois précédentes. Ce qui montre que le système immunitaire est conditionnable. Convaincu par le conditionnement qu'on lui a mis des microbes, le cerveau donne l'ordre aux globules blancs de se multiplier.

Les femmes qui s'effondrent quand on leur annonce un cancer du sein auront un pronostic moins favorable que celles qui se battent. Pourquoi ? Parce que le lien avec le médecin est déterminant : le médecin qui annonce froidement la nouvelle entraîne un effet négatif alors que celui qui dit « Voilà ce que vous avez mais on va se battre, je serai là avec vous, etc. » provoque une réaction immunitaire positive chez sa patiente parce qu'on lui a donné plus de contrôle sur sa maladie; elle a donc plus de chances d'avoir un bon pronostic.

A-t-on pu repérer des mécanismes biologiques de l'effet placebo ?

Oui, grâce à un dentiste. Cet homme a procédé à des extractions dentaires sur des patients qui ont ensuite reçu un placebo de naloxone (un produit qui bloque les récepteurs aux endorphines) puis ont été tirés au sort : la moitié a reçu un placebo, l'autre moitié un comprimé de naloxone. Chez ceux qui avaient reçu la naloxone, le placebo d'antalgique ne marchait pas du tout, alors que chez ceux qui avaient eu un placebo de naloxone, le placebo d'antalgique fonctionnait. Cela signifie que le placebo d'antalgique augmentait la production d'endorphines. Autre expérience avec des dépressifs : placebo contre Prozac, même réponse dans les mêmes zones du cerveau riches en sérotonine qu'avec le Prozac. Je pense que chaque guérison avec ou sans médicament est en partie le produit de l'effet placebo qui vient renforcer l'effet pharmacologique du médicament.

Mais pourquoi certaines pathologies sont-elles sensibles à l'effet placebo et pas d'autres ?

On ne sait pas. Mais ce qui est très intéressant, c'est que même si le patient sait que c'est un placebo, ça marche !

Et chez les animaux ?

Ça marche très bien avec les animaux domestiques...

Imaginons que vous ayez trois chats et que vous soyez tout le temps sur leur dos, ce qui va provoquer chez eux un eczéma. Votre vétérinaire vous donne de l'homéopathie ou autre chose... et vos chats vont guérir. Tout simplement parce que vous serez moins angoissée et que votre vétérinaire aura bien pris en compte votre anxiété. D'ailleurs, on peut dire que les homéopathes sont ceux qui ont le mieux pris en compte et optimisé l'effet placebo !

Finalement, c'est le lien qui soigne ?

Oui, c'est la qualité du lien. C'est la capacité de se confier et de ne pas se méfier. Tant pour le médecin que pour le patient. La méfiance et le scepticisme sont de grands inducteurs de l'effet nocebo, qui est l'autre face de l'effet placebo. Son côté obscur !

RETROUVEZ *GRAND BIEN VOUS FASSE !* EN PODCAST

- **Faut-il toujours croire les patients ?**
- **La médecine du bon sens 1.**
- **La médecine du bon sens 2.**
- **Comment choisir un bon médecin ?**
- **Avez-vous peur de votre médecin ?**

Comme on les aime, ces compagnons à quatre pattes (ou moins) ! En France, 7,6 millions de chiens et 14 millions de chats nous accompagnent.

POURQUOI SOMMES-NOUS SI PROCHES DES ANIMAUX ?

Mais pourquoi leur sommes-nous tellement attachés ? Quel est ce lien indéfectible qui nous lie à eux ?

QUEL EST CE LIEN INDÉFÉCTIBLE QUI NOUS LIE À EUX ?

Faites-vous partie de la vaste tribu de ceux qui considèrent leur chien ou leur chat comme un membre de leur famille ? Ou levez-vous les yeux au ciel quand votre voisine s'adresse à son chat persan comme s'il s'agissait d'un ami cher ? Et n'oublions pas ceux qui entretiennent des liens puissants avec leurs chevaux mais aussi avec leurs oiseaux, leur hamster ou leur lézard, qui appartient à la catégorie des NAC (nouveaux animaux de compagnie).

Quoi qu'il en soit, le lien avec les animaux est inscrit dans notre histoire commune. Certains animaux peuvent susciter une forte affection, d'autres un attachement plus ténu : nouer une relation avec un poisson rouge ne doit pas être évident ! Notre longue amitié pour les canidés et les félidés - nous vivons depuis des millénaires avec des chiens et des chats - s'explique par des raisons anciennes qui ne sont pas dénuées d'intérêts bien compris.

Ce lien interespèces s'est développé au cours des siècles. Jusqu'au début du XXe siècle, sauf dans les cours aristocratiques où, dès le Moyen Âge, les dames sont accompagnées de beaux lévriers, chiens et chats avaient un rôle utilitaire : ils recevaient leur pitance et un gîte - de la paille dans la grange pour les chats, une niche pour les chiens - contre la chasse aux rongeurs dans les récoltes, la garde de la maison et l'accompagnement à la chasse.

LE LOUP ET LE CHIEN

Jean de La Fontaine décrit avec génie les avantages et les contraintes de la perte de l'état sauvage, liée à la domestication, dans l'admirable fable « Le Loup et le Chien ».

« Un Loup n'avait que les os et la peau,
Tant les Chiens faisaient bonne garde.
Ce Loup rencontre un Dogue aussi puissant que beau,
Gras, poli, qui s'était fourvoyé par mégarde.
L'attaquer, le mettre en quartiers,
Sire Loup l'eût fait volontiers.
Mais il fallait livrer bataille
Et le Mâtin était de taille
À se défendre hardiment.
Le Loup donc l'aborde humblement,
Entre en propos, et lui fait compliment
Sur son embonpoint, qu'il admire.
"Il ne tiendra qu'à vous, beau sire,
D'être aussi gras que moi, lui repartit le Chien.
Quittez les bois, vous ferez bien :
Vos pareils y sont misérables,
Cancres, haires, et pauvres diables,
Dont la condition est de mourir de faim.
Car quoi ? rien d'assuré : point de franche lippée :

Tout à la pointe de l'épée.
Suivez-moi : vous aurez un bien meilleur destin."
Le Loup reprit : "Que me faudra-t-il faire ?
– Presque rien, dit le Chien, donner la chasse aux gens
Portants bâtons, et mendiants ;
Flatter ceux du logis, à son Maître complaire :
Moyennant quoi votre salaire
Sera force reliefs de toutes les façons :
Os de poulets, os de pigeons,
Sans parler de mainte caresse."
Le Loup déjà se forge une félicité
Qui le fait pleurer de tendresse.
Chemin faisant, il vit le col du Chien pelé.
"Qu'est-ce là ? lui dit-il. – Rien. – Quoi ? rien ?
– Peu de chose.
– Mais encore ? – Le collier dont je suis attaché
De ce que vous voyez est peut-être la cause.
– Attaché ? dit le Loup : vous ne courez donc pas
Où vous voulez ? – Pas toujours ; mais qu'importe ?
– Il importe si bien, que de tous vos repas
Je ne veux en aucune sorte,
Et ne voudrais pas même à ce prix un trésor."
Cela dit, maître Loup s'enfuit, et court encor. »

Cette condition de « travailleur » de l'animal n'empêchait nullement un attachement mutuel mais celui-ci restait loin de la passion contemporaine pour les animaux domestiques, qui pousse certains à partager leur lit avec eux... Dans *Le Vieil Homme et l'Enfant* (1967), le merveilleux film de Claude Berri, Michel Simon met son chien à table, assis sur une chaise, une serviette autour du cou... Et que celui qui n'a pas entendu la phrase rituelle « Ils sont meilleurs que les hommes » lève le doigt ! La vétérinaire et animatrice de télévision[1] Hélène Gateau souligne que chiens et chats sont « désormais entrés dans nos maisons pour conquérir le canapé ».

LE CHIEN ET NOUS : UNE VIEILLE HISTOIRE ?

En juillet 2019, le *Journal of Neuroscience* publiait une étude sur la manière dont les humains ont marqué de leur empreinte le cerveau des chiens. Et cela a commencé il y a quinze mille ans. Les humains étaient sans doute suivis par des meutes de loups dont certains individus, opportunistes, trouvaient intérêt à la proximité des humains, se nourrissant de leurs restes et les accompagnant à la chasse[2]. Peu à peu, une coopération s'est mise en place, les chiens débusquant et forçant le gibier, les humains tuant les proies. Un processus qui existe toujours dans la chasse de loisir. Le lien s'est ainsi renforcé pour les uns comme pour les autres. À tel point que notre cohabitation ne s'est jamais démentie et que les caractéristiques physiques et

1. « Midi en France » sur France 3, « Hélène et les animaux » sur France 5 (dernier épisode en 2015).
2. À ce sujet, voir le remarquable documentaire de Luc Riolon, diffusé sur Arte, *Entre chiens et loups, les chiens errants de Moscou*.

comportementales des chiens se sont modifiées au contact des hommes.
Une expérience passionnante, qui se poursuit aujourd'hui avec une autre équipe, a démarré en 1959 en Russie (ex-URSS) à l'initiative d'un généticien, Dmitri Beliaïev. Basée sur l'étude de renards roux, elle s'attache à comprendre le processus de la domestication et ses effets sur les animaux. Les scientifiques ont sélectionné sur de nombreuses générations les individus les plus affectueux. À la dixième génération, l'équipe du professeur Beliaïev a repéré chez les renardeaux des traits qui n'existaient pas chez leurs congénères non sélectionnés, donc restés sauvages (groupe témoin auquel s'est adjoint un autre groupe composé d'individus sélectionnés pour leurs caractéristiques d'agressivité et de méfiance) : des taches blanches sur le pelage, des oreilles inclinées comme chez les chiens, et les petits agitaient la queue face aux humains. En étudiant le génome de ces renards, les scientifiques ont repéré des modifications dans cent trois régions. L'étude d'un premier gène qui pourrait être celui de la domestication (parmi bien d'autres raisons) est en cours. Ce gène jouerait un rôle dans la sélection des protéines qui interviennent dans les communications cérébrales. Quoi qu'il en soit, cette expérience qui se déroule depuis maintenant plus de soixante ans apporte la preuve de notre influence sur le comportement de nos compagnons canins.
Nos ancêtres ont sélectionné peu à peu les individus présentant des caractéristiques de docilité et de non-agressivité, qui se sont transmises de génération en génération depuis le loup jusqu'à nos compagnons canins contemporains.

COMMENT LES CHIENS SE SONT-ILS FAIT COMPRENDRE DES HOMMES ?

Une particularité du comportement du chien s'est mise en place conjointement aux modifications physiques et comportementales : il s'agit de la communication. De hurleurs, les chiens sont devenus aboyeurs, modification génétique qui les a encore rapprochés des hommes : en modulant leurs aboiements, ils sont en mesure de nous avertir d'un danger, de mettre en garde un agresseur, de signaler leur détresse ou leur tristesse (songeons à la plainte d'un animal laissé seul). Nous savons parfaitement décoder tous ces cris de façon spontanée : un petit enfant comprend instinctivement le sens du cri d'un chien. Cette coévolution s'est développée aussi dans l'expression des yeux et du visage : un chien saisit parfaitement nos expressions. Plus fort encore : les chiens ont développé un muscle releveur du sourcil qui leur permet de déployer toute une gamme d'expressions semblables aux nôtres : l'interrogation, la surprise, la tristesse, la joie... Inversement, nous sommes parfaitement « lus » par nos chiens qui, à notre contact, ont acquis la capacité de suivre notre regard et de se diriger vers un objet que nous leur montrons d'un simple coup d'œil...

> C'est certainement l'une des raisons pour lesquelles nous aimons tant les chiens : il y a si longtemps que nous marchons ensemble que nous sommes devenus inséparables.

Avec le développement de l'agriculture, les chiens sont même devenus capables de digérer l'amidon des céréales que nous cultivons !

Un lien aussi fort ressemble à une symbiose. C'est certainement l'une des raisons pour lesquelles nous aimons tant les chiens : il y a si longtemps que nous marchons ensemble que nous sommes devenus inséparables. « Le premier art de l'homme a été l'éducation du chien, et le fruit de cet art la conquête et la possession paisible de la terre », écrit le grand naturaliste Georges-Louis Leclerc de Buffon dans son *Histoire naturelle*.

LE CHAT, UN COMPAGNON PLUS DISCRET ?

Si nous sommes également fous des chats, notre attachement envers eux est différent. Nous adorons ce qui nous paraît, dans leur comportement, ressembler à une indépendance irréductible. Nous fantasmons beaucoup au sujet des chats, et un nombre incalculable d'écrivains, de peintres et de réalisateurs (*Les Aristochats* de Walt Disney, évidemment, mais aussi le dramatique film de Pierre Granier-Deferre *Le Chat*, avec Jean Gabin et Simone Signoret, dans lequel le chat de l'actrice focalise toute la haine de Gabin à l'encontre de son épouse) ont célébré le petit félin. Colette ne pouvait vivre sans chats et leur a consacré de nombreuses pages. « Le chat est un hôte et non un jouet », dit le chat Kikki la Doucette (eh oui ! Kikki la Doucette est un mâle !)[1]. L'écrivaine a vécu avec des chats aux noms délicieux : Kamaralzaman, Beau Garçon, Jeune Bleue...

Des chercheurs se sont plongés dans l'étude de l'ADN de deux cents chats, depuis des chats égyptiens de l'Antiquité jusqu'aux chats contemporains, dont des chats sauvages

1. Dans *Dialogues de betes*, Folio, 1975.

africains. Le but de l'étude de Claudio Ottoni de l'Université de Louvain, publiée dans *Nature, ecology and evolution*, consistait à observer et à comprendre l'évolution du chat. Il apparaît que les chats ont commencé à s'intéresser à nous vers 8000 avant J.-C., avec les débuts de l'agriculture (d'abord dans le Croissant fertile, Mésopotamie, Syrie et Palestine) : attirés par les rongeurs qui s'attaquaient aux récoltes, ils se sont établis à proximité des villages. Et tout le monde y a trouvé son compte (sauf les rats et les souris...). Mais les hommes ont sans doute laissé les chats vivre leur vie sans les domestiquer comme ils l'ont fait avec les chiens... Toujours d'après cette étude, d'autres chats sont apparus vers 1500 avant J.-C., venus d'Afrique, et se sont répandus dans le Bassin méditerranéen. Les hommes préhistoriques, au cours de leurs migrations, auraient emmené les chats avec eux, toujours dans le but d'éloigner les rongeurs.

Le plus surprenant est que le patrimoine génétique des chats antiques et des chats modernes n'a guère changé : chats domestiques et chats sauvages se ressemblent... Mais deux différences sont à noter : le comportement (n'essayez pas de caresser un chat sauvage !) et le pelage, beaucoup plus tigré chez nos félidés.

AVOIR UN ANIMAL DE COMPAGNIE EST-IL UN GAGE DE BONHEUR ?

D'où nous vient cet amour pour les animaux domestiques, parfois aussi intense qu'un amour humain ? Si l'attachement peut être très fort, c'est que les chiens et les chats (et particulièrement les chiots et les chatons) présentent des caractéristiques communes avec nos bébés : grands yeux, tête ronde, démarche maladroite, voix aiguë...

À la rencontre de...

LES JAPONAIS FOUS DE LEURS CHIENS ET DE LEURS CHATS

En une quarantaine d'années, les Japonais sont devenus dingues de leurs animaux de compagnie : en 2016, on dénombrait au Japon 19 millions de chats et de chiens. Un chiffre à mettre en regard des 17 millions de petits Japonais âgés de quatre à quatorze ans... Un tel engouement serait dû aux difficultés de pouvoir fonder une famille : logements exigus, absence de modes de garde qui oblige les femmes à interrompre leur activité professionnelle, aggravation de la solitude et augmentation du nombre des célibataires... Ce manque criant d'attaches et de liens affectifs conduit les Japonais à se tourner vers les animaux et à se livrer à une surenchère de dépenses pour leurs chiens et leurs chats, souvent mieux traités que des enfants : aliments élaborés, soins vétérinaires, toilettage (teinture pour chiens, manucure), restaurants et hôtels pour animaux, fêtes d'anniversaire, vêtements, jouets, poussettes... Sans parler des bars à chats et à chiens pour ceux qui n'ont pas la possibilité d'adopter un animal. L'anthropomorphisme joue à plein, et dans les parcs publics nombreuses sont les réunions d'animaux « kawaï » (mignons). Ce qui n'empêche pas les abandons : lorsqu'ils deviennent trop encombrants, chats et chiens sont laissés dans les refuges – cela concerne chaque année entre 350 000 et 600 000 chiens. Des liens, certes, mais pas indestructibles...

Le fait de les voir et de les entendre entraîne la sécrétion de la fameuse ocytocine, l'hormone du bonheur et de l'attachement, et nous prépare à prendre soin d'eux. Plus tard, le lien peut se rapprocher de l'attachement que nous éprouvons pour nos propres enfants. L'amalgame est d'ailleurs fréquent : qui n'a jamais entendu une personne s'adresser à son animal en l'appelant « mon bébé » ? Autre point important : le comportement de ces animaux reste enfantin et toute leur vie ils aiment les jeux, les câlins... « Des clients m'ont avoué, raconte Hélène Gateau, avoir ressenti autant de peine à la disparition de leur animal qu'à celle d'un proche. » La vétérinaire précise : « La relation avec l'animal est sans filtre, sans jugement, elle n'est pas soumise à des conflits ou des ruptures. » Elle est donc beaucoup plus satisfaisante... pour certains. Mais ne nous y trompons pas : l'attachement est réciproque. Caresser son chien entraîne aussi chez l'animal la sécrétion d'ocytocine !

« LE LIEN AVEC LE CHEVAL SE CONSTRUIT EN ÉTANT SÉCURISANT ET RESPECTUEUX. »

L'éclairage de Thierry Lhermitte

Cavalier émérite, Thierry Lhermitte est aussi instructeur d'équitation éthologique, une discipline pour laquelle il se passionne depuis vingt ans. Il nous explique en quoi cette approche change complètement la relation du cavalier avec le cheval et permet de nouer un lien aussi respectueux que profond.

Thierry Lhermitte, quand le goût de l'équitation et de la relation avec les chevaux vous est-il venu ?

Je fais de l'équitation depuis mon enfance. J'étais un cavalier lambda. Il y a une vingtaine d'années, j'ai découvert une autre équitation, un autre rapport avec les chevaux, l'équitation éthologique. En fait, le terme est mauvais, même s'il est entré dans notre vocabulaire : l'éthologie est la science de l'étude des animaux dans leur milieu naturel. Or l'équitation n'est pas une science, et cela ne se passe pas dans le milieu naturel des chevaux... C'est en fait l'art et la manière d'observer les chevaux et de les amener à choisir de faire ce qu'on leur demande.

Selon vous, comment se noue le lien avec le cheval ?

D'abord en apprenant ce qu'est le comportement du cheval. Et puis en construisant pour l'animal un environnement carré, rassurant, ordonné, prévisible, dans lequel tel stimulus entraîne telle réaction. En espérant obtenir de la part du cheval et du cavalier du respect, de la confiance et de la connexion. L'imprévisibilité, pour un cheval comme pour tout autre animal, est un danger. Dans la nature, il n'y a pas d'hôpital. Pour eux, un danger est un risque de blessure, donc de mort. La confiance est indispensable : le cheval sait qu'on ne l'agressera jamais. Le respect, pour les deux partenaires, c'est que ni l'un ni l'autre ne peut agresser ou taper. Une fois que ce rapport est installé, que les limites sont posées, on peut commencer à avoir une relation intéressante : rassuré, le cheval peut s'intéresser à ce qu'on lui propose et être disponible pour faire quelque chose.

Quelle est pour vous la particularité de ce lien homme/cheval ?

Nous entretenons un lien très ancien avec les chevaux – moins ancien qu'avec les chiens, mais quand même[1] ! La structure de

1. Depuis la fin du paléolithique supérieur, environ 8 000 ans avant J.-C.

vie au naturel des chevaux est très différente de celle des chiens. Les chevaux ne vivent pas en meute mais en harem : un mâle avec quelques femelles et quelques poulains. Nous, les humains, nous aimerions avoir des rapports de copains avec eux, ce qu'ils n'aiment pas toujours spontanément. Les hongres et les juments connaissent ça parfois, mais ce n'est pas la structure la plus courante. Mais ce type de relation peut se construire parce qu'on devient quelqu'un de rassurant, que le cheval respecte parce qu'il sait qu'il ne peut pas jouer avec nous comme avec un poulain ou un autre cheval. Ce qui est surprenant, c'est que ce lien puisse s'établir alors qu'il n'existe pas dans la nature ! Je peux vous dire que si nous étions un autre cheval, ce serait très dangereux pour nous... Mais nous voulons avoir avec eux un rapport de connexion. Ce qui est intéressant, c'est que les chevaux s'observent énormément entre eux. Il y a tout un langage corporel : un regard, une posture, un mouvement des oreilles... Et éventuellement après cela, c'est la bagarre. Si nous n'observons pas cela, si nous ne créons pas ce lien dans lequel nous sommes conscients de ce que le cheval nous dit, et réciproquement, eh bien nous sommes et nous serons toujours en retard sur lui. C'est donc dans cette construction que nous devenons une espèce intéressante pour le cheval. Cela demande beaucoup de travail, une vie entière.

Pensez-vous qu'il y ait beaucoup de clichés sur le lien homme/cheval ? Par exemple, l'intuition du cheval, qui nous décrypterait mieux que nous-mêmes ?

Il y en a beaucoup, c'est vrai. Mais il y a aussi des réalités. Par exemple, la capacité des chevaux à reconnaître les visages, même après plusieurs semaines d'absence, a été prouvée. L'expérience a été faite avec des écrans, donc sans possibilité de renifler les odeurs. Quant à la capacité des chevaux à détecter nos émotions, c'est une réalité, prouvée par les scientifiques. Comment arrivent-ils à comprendre l'expression de nos visages, notre humeur... ? On n'en sait rien. En tout cas, ils savent lire sur notre visage.

Et le langage corporel ?

Imaginons que nous ayons quelqu'un sur notre dos, qui bouge, qui tourne la tête : je pense que nous allons le sentir. En tout cas, les chevaux le sentent. Vous savez, ils arrivent à sentir une mouche sur leur dos, par grand vent et sous la pluie ! Ils sont ultra-sensitifs. On peut donc penser qu'ils sentent le moindre changement de posture, aussi infime soit-il. Après, il y a l'apprentissage, qui permet au cheval d'interpréter les changements qui vont l'amener à anticiper un nouvel ordre. On se dit : « C'est dingue ! Je l'ai pensé et il l'a fait tout de suite ! » Non. Très probablement, c'est sa sensitivité qui le lui a fait comprendre. C'est indispensable pour leur survie et cela leur permet d'anticiper. Les chevaux ne voient pas très bien. En revanche, ils détectent les mouvements beaucoup mieux que nous, ils entendent des longueurs d'onde que nous ne percevons pas. Si vous ajoutez une vision à 170 degrés, vous voyez que leur monde est très différent du nôtre.

C'est pour les chevaux une question de survie.

Oui. Contrairement à celle des carnivores, leur nourriture, l'herbe, ne s'enfuit pas. En revanche, pendant qu'ils mangent, il leur faut surveiller les alentours tout le temps. Nous voulons communiquer avec un animal dont le principal but dans la vie est de se méfier de tout. Pour entrer en relation avec eux, il nous faut donc entrer dans leur monde et comprendre qu'il est normal qu'ils aient peur et qu'ils fassent attention à tout.

**Pour établir un lien avec les chevaux,
il faut donc un apprentissage.**

Exactement, et ça commence à se populariser. On devrait apprendre comment le cheval apprend. C'est la théorie de l'apprentissage.

Vous pensez que c'est à la portée de tout le monde ?

Oh oui ! Mon déclic à moi a été de voir des dresseurs extraordinaires comme Frédéric Pignon et Magali Delgado. J'ai vu ce qu'ils faisaient avec les chevaux et comment les animaux apprenaient. Ça m'a rendu dingue ! Je me suis dit : « Je veux savoir comment ça marche ! » C'était aussi le moment où on a entendu parler en France des « chuchoteurs » des États-Unis[1].

Ce lien peut-il s'établir avec n'importe quel cheval, ou bien existe-t-il des chevaux avec lesquels nous sommes plus en sympathie ?
Le cheval vous choisit, exactement comme un chien à la SPA.

Comment comprenez-vous qu'il vous a choisi ?
Le premier cheval que j'ai acheté était dans un troupeau. On m'a dit : « Il faut y aller à plusieurs parce qu'il ne veut pas se laisser attraper. » Le lendemain, j'y suis allé tout seul et le cheval est venu. Pas parce que j'étais particulièrement doué, mais parce qu'il le voulait bien.

Et vous, percevez-vous exactement son état ?
Oui, j'essaie d'être attentif. Il ne faut pas se laisser submerger par son but et oublier qu'il y a un être vivant qui peut-être n'a pas envie ce jour-là, ou bien a mal à la tête ! Je me demande souvent si les chevaux ont mal à la tête : ils ne peuvent pas nous le dire mais si ça se trouve, c'est le cas. Alors il faut toujours se demander s'il a mal, s'il est en forme, s'il peut faire ce qu'on lui demande. Par exemple, s'il regarde quelque chose, je pense que c'est une politesse vis-à-vis du cheval de tourner la tête et de regarder dans la même direction que lui. Il nous signale qu'il y a quelque chose, alors qui sommes-nous pour ne pas regarder aussi ? Dans le troupeau, c'est comme ça que ça se passe. Vous savez, un dresseur m'a dit un jour : « La peur, c'est une pièce noire peu à peu éclairée par la connaissance. »

---

1. Voir *L'Homme qui murmurait à l'oreille des chevaux*, film de Robert Redford (1998).

Quels bénéfices retirez-vous de votre relation avec les chevaux ?

J'enseigne l'éthologie, et quand j'enseigne, je sais que je fais du bien aux gens et aux chevaux en leur permettant de se comprendre. Quand je monte à cheval, je suis toujours émerveillé qu'un animal de cinq cents kilos m'accepte sur son dos et qu'il aille là où je lui demande d'aller. C'est magique et incroyable. C'est très émouvant. Avec les chevaux j'ai découvert ma peur, mon envie de domination, mes réussites et mes échecs. Ils voient tout. On ne peut pas les escroquer... sauf à avoir des rapports pourris avec eux. Ils m'enseignent la vérité et l'humilité. Quand on est dans un vrai lien, on obtient des choses extraordinaires parce qu'ils ne s'ennuient pas. On les voit agir sans coercition, avec rapidité, intelligence.

Avez-vous déjà été surpris par votre cheval ?

Bien sûr. Un jour, on me demande de l'aide pour un cheval qui s'enfuyait sans cesse. Dans la méthode que je pratique, on essaie de rendre sa fuite inconfortable : quand il fuit, on le chasse, et quand il s'arrête, nous aussi. Ce qui pour lui veut dire : c'est désagréable de fuir, c'est mieux de s'arrêter. Au bout d'un moment, on s'approche. S'il repart, on le pourchasse. Je joue à ce jeu pendant vingt minutes. Puis je parviens à m'approcher. Sa longe traînait à mes pieds. La grosse faute, c'est de vouloir s'emparer de la longe. C'est ce que j'ai fait. Bien sûr, il est reparti... Je savais que j'avais ruiné ce que je faisais depuis une demi-heure. Comme personne ne me regardait, j'ai parlé au cheval en riant, en m'excusant auprès de lui d'avoir trahi sa confiance. J'étais démuni. C'est alors que le cheval s'est approché de moi ! J'ai pu le caresser et l'emmener. J'avais baissé les armes et lui ne me voyait plus comme un prédateur. Voilà ce que c'est, le lien avec le cheval.

RETROUVEZ *GRAND BIEN VOUS FASSE !* EN PODCAST

- Les animaux qui nous font du bien.
- Que se passe-t-il dans la tête des animaux ?
- Toutes vos questions sur les chats.
- Ces animaux mal-aimés de l'histoire.
- Pourquoi notre époque aime autant les chats ?

RETROUVEZ LA CHRONIQUE SANTÉ DE THIERRY LHERMITTE

Il est aujourd'hui parrain de la Fondation pour la Recherche Médicale. Une fois par mois, il intervient dans *Grand bien vous fasse !* pour évoquer un projet scientifique.

QUEL LIEN AVONS-NOUS AVEC LES ANIMAUX SAUVAGES ?

Depuis que le monde sauvage se rétrécit peu à peu comme peau de chagrin, paradoxalement (ou en est-ce la cause ?) jamais le monde animal n'a été l'objet d'un si grand intérêt. Des personnalités comme Jane Goodall sont célébrées, nous signons des pétitions pour la défense des oiseaux, des éléphants, des primates... Sans doute est-ce parce que nous réalisons que nous étions nous aussi des animaux sauvages, il y a quelques centaines de milliers d'années. Nous avons avec les bonobos un ancêtre commun qui vivait il y a entre six et huit millions d'années, et en 2005 le séquençage de l'ADN du chimpanzé dévoilait qu'il est à 99 % identique au nôtre. Mais la petite différence fait toute la différence : ce 1 % a permis, entre autres, la bipédie, l'augmentation du volume de notre cerveau, nos capacités linguistiques (et donc sociales)...
Cette proximité troublante avec les primates nous renvoie à notre animalité. Notons au passage que nous utilisons nombre d'expressions, comme « ne fais pas le singe » ou « une faim de loup », qui indiquent que notre inconscient est bien là pour nous la rappeler : impossible de considérer le monde animal comme absolument séparé du monde des hommes.

UN CHANGEMENT PROFOND

Avec la prise de conscience écologiste, notre relation avec le monde animal a changé du tout au tout. La fascination pour cet univers nous a toujours accompagnés. Dans les grottes du paléolithique, nos ancêtres peignaient des animaux sauvages, bisons, ours, loups, girafes, que ces représentations aient une valeur spirituelle ou simplement artistique. Dans la mythologie gréco-romaine, les dieux et les déesses sont accompagnés de nombreux animaux (chouette, paon...) ou en prennent parfois la forme (taureau, cygne...) Les héros les affrontent : lion, hydre, biche, juments, sanglier et oiseaux sont ainsi tour à tour vaincus par Hercule. Ulysse quant à lui est sans cesse comparé à un lion, dont il possède la force et la bravoure. Et comment ne pas évoquer Romulus et Remus, sauvés et allaités par une louve ? Au Moyen Âge et à la Renaissance, la faune sauvage est partout : dans les tapisseries (y compris des bêtes légendaires, comme la licorne), dans les livres d'heures, dans les peintures (Jérôme Bosch les transforme en monstres, et Pieter Brueghel représente volontiers des loups, des aigles...). La littérature n'est pas en reste : le *Roman de Renart* en est un célèbre exemple, et l'un des chevaliers de la Table ronde, Gauvain, est associé au lion... Au XVIIe siècle, Jean de La Fontaine s'empare des animaux d'Ésope pour nous parler de nos défauts et de nos turpitudes. Aux XIXe et XXe siècles, loups, lions, éléphants, serpents et panthères se promènent dans les pages de Rudyard Kipling, Jack London, Herman Melville, Joseph Kessel ou Karen Blixen... Ces figures animales révèlent un peu de nous.

Depuis les années quatre-vingt-dix, le monde occidental industrialisé passe de l'ethnocentrisme, héritage de la pensée grecque et de Descartes, au zoocentrisme. L'ethnologue

Nastassja Martin aborde de manière très originale, dans son récit *Croire au fauve* (Verticales, 2019), où elle raconte l'accident dont elle a été victime, la question de la porosité des deux mondes humain et animal. Au cours d'une randonnée dans les montagnes du Kamtchatka, elle est attaquée par un ours qui lui arrache une partie du visage. Dès lors, elle est considérée comme une « femme ourse » par le peuple de chasseurs avec lequel elle vit. Cette « rencontre » la modifie profondément et la pousse à s'interroger sur le passage d'un monde à l'autre... Cet accident n'est pas sans lien avec le mystère des enfants sauvages, qui nous passionne toujours : où est la frontière entre l'animal et l'homme ? Qu'est-ce qui fonde notre humanité ? Le Mowgli du *Livre de la jungle* rejoint le monde des hommes, mais il conserve la nostalgie de la vie sauvage auprès de Baloo et de Bagheera. Régulièrement, des histoires d'enfants trouvés font surface. L'une des dernières et des plus célèbres est celle de Marcos Rodriguez Pantoja, né en 1946, qui à l'âge de sept ans fut abandonné dans la montagne par son père. Il fut accepté par une meute de loups avec lesquels il vécut jusqu'à l'âge de dix-neuf ans. Découvert dans la forêt, recueilli par des religieuses, il n'a jamais réussi à se faire pleinement à la vie parmi les hommes. Son cas a été étudié par l'anthropologue Gabriel Janer Manila (« La problemática educativa de los niños selváticos : el caso de "Marcos" », *Anuario de psicología*, Université de Barcelone) et a donné lieu à de multiples reportages et même à un film. Cela n'exclut pas, bien au contraire, l'ambivalence : nous sommes fascinés par les animaux sauvages mais nous continuons de les détruire, ainsi que leurs espaces de vie. Les documentaires animaliers fleurissent dans tous les médias, des films comme *La Marche de l'empereur* de Luc Jacquet (2005) sont d'immenses succès et il ne se passe pas un jour sans que paraisse un ouvrage sur ce thème. Des philosophes (Vinciane Despret, Baptiste Morizot, Peter Singer, Bruno Latour...) mais aussi des sociologues, des anthropologues et des éthologues (Frans de Waal) se sont emparés de la question ; ils nous proposent de porter un nouveau regard sur le monde sauvage pour ne plus en être les spectateurs et les consommateurs, ni considérer les espèces animales comme des sources de distraction (tourisme, parcs animaliers, safaris photo, croisières, etc.). Baptiste Morizot note : « Si nous partageons la matière atomique des étoiles (dont nos molécules proviennent), nous partageons une famille avec les vivants, c'est-à-dire une ascendance commune, une vulnérabilité mutuelle et un destin commun. » Il nous est désormais impossible (sauf à en être nous aussi les victimes, par nos propres actions) de détourner les yeux. Le lien avec les animaux sauvages, comme avec tout le vivant, nous est constitutif, sinon proche : laissons-les mener leur existence à distance.

Le lien avec les animaux sauvages, comme avec tout le vivant, nous est constitutif, sinon proche : laissons-les mener leur existence à distance.

UN RAPPEL SÉVÈRE

Un événement majeur est survenu, nous rappelant brutalement notre fragilité : l'émergence du virus de la Covid-19, dont la source serait (cela n'est pas encore prouvé) la consommation de pangolin sur un marché chinois. Il existe d'autres cas d'épidémies dues à la proximité de l'homme avec les animaux sauvages : Ébola, le SRAS, etc. Là encore, le paradoxe est roi : un animal sauvage, porteur d'un virus, suscite une pandémie qui tue des centaines de milliers d'êtres humains, ceux-là même qui par leurs activités réduisent le biotope de cet animal. Autre paradoxe : durant les périodes de confinement, nous avons assisté, émerveillés, au retour des animaux sauvages dans les villes et les villages : chèvres au Pays de Galles, éléphants en Inde, renards, oiseaux en masse... Une fois enfermés, les humains ont contemplé la vitalité du monde animal. Retournement de situation. Il ne s'agissait là que d'une parenthèse (même si cette parenthèse s'éternise, elle se refermera) mais qui devrait nous faire réfléchir à cette communauté de vie qui existe et que nous ne pouvons plus ignorer.

À la rencontre de...

FRANS DE WAAL

Frans de Waal, primatologue et éthologue, est professeur d'éthologie des primates à l'université Emory d'Atlanta (États-Unis). Il est l'auteur de nombreux livres qui, tous, ont connu un grand succès. Dernier titre publié : *La Dernière Étreinte* (Les Liens qui libèrent, 2019).

Pourquoi les animaux sauvages nous intéressent-ils tant ?
Autrefois, il était impossible de voir des animaux sauvages vivants, en tout cas des animaux exotiques : ceux que l'on pouvait voir étaient naturalisés. Et puis les zoos se sont ouverts, avec des animaux que l'on essayait de garder en vie, ce qui était difficile. Beaucoup sont morts. Mais le public venait pour voir des tigres, des primates, des girafes... Jamais personne, en Occident, n'avait vu ce genre d'animaux auparavant. Les gens étaient fascinés. Prenez l'exemple de Jérôme Bosch, ce peintre du XVIe siècle : il a représenté quantité d'animaux mais avec des erreurs, car il n'avait pas d'informations exactes. Aujourd'hui, l'existence des zoos est contestée. C'est vrai que ce n'est pas l'idéal et que beaucoup devraient être fermés, mais certains sont de qualité. En Occident, il y a une longue tradition de curiosité envers les animaux exotiques : un naturaliste comme Buffon les a examinés, classifiés en genres, en espèces. C'est une belle histoire. Bien sûr, à cette époque nous ne nous inquiétions pas de leur survie ni de leur bien-être.
Tout cela a beaucoup changé. C'est certain. Nous ne les voyons plus de la même façon. Nous nous sentons (un peu) concernés par leur survie, leur préservation, nous nous intéressons à leur mode de vie. Mais c'est nouveau, cela ne date que des cinquante dernières années.

Reliez-vous cet intérêt à l'émergence des mouvements écologistes ?
C'est sans doute apparu un peu plus tôt. Il y a cinquante ans, nous ne nous préoccupions pas de la préservation globale des écosystèmes mais spécifiquement de la préservation des espèces menacées, comme les girafes. Avec les mouvements écologistes, notre point de vue est en train de changer.

C'est paradoxal : nous nous inquiétons de la dégradation de l'environnement et de la disparition des animaux, mais nous continuons de surexploiter les ressources et de polluer...
Oui. Nous sommes à un moment critique. Le sort des animaux nous inquiète mais nous continuons d'acheter des produits contenant de l'huile de palme, élaborée au détriment de la forêt primaire où vivent les orangs-outans. Malgré ce que nous savons, nous voulons continuer d'utiliser ces produits, nous ne sacrifions pas grand-chose. Regardez la surpêche : si les gens acceptaient de payer le poisson trois fois plus cher, nous pourrions commencer à protéger les océans. Mais nous ne sommes pas prêts à le faire.

Vous travaillez depuis plus de trente ans avec les primates. Les humains entretiennent un lien particulier avec eux. Est-ce dû à notre proximité génétique ?
Oui, notre fascination pour eux vient de notre ressemblance. Nous sommes similaires. Lorsque les premiers primates sont arrivés en Angleterre et en France, les gens ont été choqués. Nous savons qu'ils dégoûtaient la reine Victoria. Nous n'étions pas préparés à voir des animaux qui ressemblaient tant aux humains. Si les gens dans les zoos rient devant les singes, c'est en raison de cette ressemblance des comportements, des relations entre eux. Je pense qu'il y a des animaux plus drôles qu'eux, comme les pingouins ou les girafes, mais les gens ne rient pas devant les girafes, ils rient devant les singes. Nous sommes

de plus en plus fascinés par eux, à mesure que nous découvrons davantage de similarités. Mais nous sommes aussi un peu effrayés par cette connexion, par la découverte de la relativité de notre prétendue supériorité...

Pensez-vous qu'aujourd'hui nous voyions ce lien avec les primates différemment ? Que nous envisagions la vie sauvage sous un autre angle ?
Vous savez, la crise du coronavirus fait comprendre aux gens à quel point nous sommes connectés à la nature. Jusqu'à présent, nous nous percevions comme déconnectés de la nature, supérieurs à elle. Nous savons désormais que les virus viennent souvent des animaux sauvages, par exemple. J'espère que les incendies en Californie et en Australie, le changement climatique vont nous amener à prendre davantage conscience de cette connexion : nous faisons partie de la nature et nous devons en prendre soin davantage pour notre propre préservation. Vous savez, les gens sont sensibles à leur propre intérêt : c'est peut-être le bon moment pour faire passer le message. Si nous brûlons les forêts, vidons les océans, tuons les espèces, il y aura un coût pour l'humanité. C'est là qu'est l'espoir. Notre connexion avec la nature va devenir de plus en plus importante.

Il est très difficile de changer de point de vue : il y a si longtemps que nous nous percevons comme une espèce supérieure, sans liens avec le monde animal...
C'est vrai. La philosophie grecque et les religions – la Bible en est un exemple –, en particulier en Occident, ont décrété que les hommes étaient « bénis », choisis, supérieurs. Je crois que ce mode de pensée est totalement faux. Certes, nous avons de merveilleuses particularités – le langage, les représentations, etc. – mais nous n'en sommes pas moins des animaux.

D'ailleurs, comment les primates nous voient-ils ?
Je n'en sais rien, mais je crois que cela ne les inquiète pas beaucoup… Je crois qu'ils ne s'intéressent à nous que lorsqu'ils sont captifs et que nous sommes leurs pourvoyeurs de soins et de nourriture. Je ne pense pas qu'ils nous admirent. Ils nous voient comme une espèce amie, si nous nous comportons bien, ou alors ils s'en fichent !

Maintenant que nous savons que les animaux sont des êtres sensibles, cela fait une grosse différence : nous ne pouvons plus les considérer comme des objets. La France a changé la loi, récemment, à ce sujet.
Nous avons parlé des animaux sauvages, mais nous ne traitons pas non plus très bien les animaux domestiques… Mais la situation des animaux sauvages est vraiment critique. Ils subissent un stress terrible, disparaissent. En Europe, nous faisons des efforts depuis quelques décennies. Il reste des forêts sauvages, mais peu. Et voilà que nous voyons l'Amazonie brûler, les régions tropicales souffrir… Il est très difficile, pour nous Occidentaux, d'aller dire aux populations de l'Est et du Sud de faire attention : nous avons fait la même chose avant elles ! Alors nous devons collaborer. Si nous ne faisons rien pour les forêts, cela aura des conséquences dramatiques pour le monde entier.

Pourrions-nous vivre sans la vie sauvage ?
Ce serait terrible… Savez-vous qu'il y a dans la terre des milliards de vers qui renouvellent le sol ? Davantage de vers que d'humains. Si ces vers disparaissaient, la terre deviendrait dure comme du ciment. L'atmosphère deviendrait irrespirable. Il y a des millions d'exemples comme celui-là qui nous montrent qu'il nous est impossible de vivre sans les animaux… Les abeilles en sont un autre exemple.

Êtes-vous optimiste, malgré tout ?
Je crois que cette crise peut nous aider. Elle nous secoue. Il est maintenant clair que nous pouvons être dominés par un minuscule virus, qui peut exterminer l'économie mondiale... Nous avons intérêt à y réfléchir.

RETROUVEZ *GRAND BIEN VOUS FASSE !* EN PODCAST

- **Partageons-nous les mêmes émotions que les animaux ?**
- **La mythologie dans notre vie quotidienne.**
- **Comment penser le bien-être animal ?**
- **Que se passe-t-il dans la tête des animaux ?**
- **Qu'est-ce qui nous empêche de nous mettre à la place des autres ?**

Aucune société humaine ne vit sans culture : langage, arts, rituels, religions, nous « sommes culture », des peintures paléolithiques au rap, des chants indiens

LA CULTURE, UN LIEN SOCIAL ?

aux traditions orales aborigènes en passant par la chapelle Sixtine, les Rolling Stones et le Taj Mahal. Nous sommes unis (ou désunis) par la culture.

LA CULTURE : UN LIEN PUISSANT ET FRAGILE

Êtres de lien, nous vivons par et pour les autres. C'est cette nécessité qui a permis l'éclosion de la culture : premiers rituels funéraires, premières représentations picturales, premières danses. L'accès aux représentations et aux symboles est une particularité qui nous différencie du monde animal. Même si certains groupes d'animaux sociaux, comme les primates, semblent présenter une « proto-culture », les animaux ne connaissent ni la peinture, ni le chant (sauf pour communiquer des informations), ne possèdent ni notations symboliques (comme les chiffres) ni écriture. Pour l'instant, en tout cas dans son expression la plus élaborée, la culture est ce qui relie les humains, même si elle diffère selon les lieux et les âges.

Une richesse

Bien sûr, nous voilà ramenés à la vieille opposition entre nature et culture. Claude Lévi-Strauss souligne notre particularité : « Le monde de l'homme est celui de la culture et celle-ci s'oppose à la nature avec la même rigueur, quel que soit le niveau des civilisations considérées[1]. » Pour le structuralisme, la culture a une fonction organisatrice dans

1. *Tristes Tropiques*, Pocket, 2001.

la société. Elle permet à chacun de s'ouvrir, d'accéder à des connaissances, à une lecture du monde inhabituelle qui élargit l'horizon : elle est donc un facteur d'émancipation – il suffit pour s'en convaincre d'évoquer la férocité et l'acharnement des nazis à détruire les livres et interdire toute forme d'art considérée comme « dégénérée ».

Les Lumières

Né au moment des Lumières, le projet d'émancipation par la connaissance et la culture, dont la rédaction de l'*Encyclopédie* de Diderot et d'Alembert est le porte-étendard, a perduré et s'est répandu à travers le monde occidental. Il a accompagné l'émergence de la notion de citoyenneté : pour Emmanuel Kant, la connaissance est l'instrument de l'émancipation. À ceci près (et la nuance est de taille) que cette idée n'englobait que la culture occidentale. Mais l'impulsion était donnée.

À travers les siècles, la diffusion de l'art sous toutes ses formes et les échanges culturels se sont intensifiés et développés avec les moyens de communication, jusqu'à la mondialisation. Deux mouvements contradictoires ont alors émergé : d'une part la résistance à la domination culturelle occidentale – particulièrement celle de la culture nord-américaine –, avec la défense des cultures particulières et des langues, et d'autre part l'uniformisation des modèles. La même musique essaime de Kuala Lumpur à Moscou et New York, McDonald's a répandu les hamburgers et le Coca-Cola dans les coins les plus reculés de la planète, et avec les moyens de communication actuels nous pouvons assister en direct à un concert donné à dix mille kilomètres de chez nous. Visionnaire, Claude Lévi-Strauss écrivait dès 1955 dans *Tristes Tropiques* : « L'humanité s'installe dans la mono-culture; elle s'apprête à produire

la civilisation en masse, comme la betterave. Son ordinaire ne comportera plus que ce plat ».
Pour l'Unesco, la culture est « l'ensemble des traits distinctifs, spirituels, matériels, intellectuels et affectifs, qui caractérisent une société ou un groupe social. Elle englobe, outre les arts, les lettres et les sciences, les modes de vie, les lois, les systèmes de valeurs, les traditions et les croyances[1] ».

Le goût des autres

La culture n'est pas seulement un ensemble de représentations et de productions, un patrimoine dont l'humanité aurait hérité et qui serait un « trésor » (notion qui existe, d'ailleurs, dans l'inscription de sites remarquables, de pratiques et d'œuvres d'art au patrimoine mondial de l'humanité par l'Unesco, mais aussi au Japon où un artiste peut être qualifié de « Trésor national vivant » depuis une loi de 1950 qui vise à protéger les arts et les savoir-faire, comme la céramique ou le théâtre kabuki) : c'est aussi un matériau vivant et en transformation permanente, sous l'effet des progrès techniques, des mouvements politiques et sociaux. Des intellectuels comme Pierre Bourdieu critiquent la notion de culture à portée de tous : il y aurait une culture dominante et normée s'opposant à une culture dominée dont les valeurs sont ignorées ou dévalorisées. Pour pouvoir être reconnu, dit Bourdieu, il faut en passer par les normes dominantes. La culture serait donc le lien entre les individus d'une même classe sociale, d'un même pays, d'une même langue… rejetant ce qu'elle ne reconnaît pas. D'où, par exemple, le comportement méprisant des amateurs d'opéra à l'égard de ceux qui préfèrent la variété… Bien entendu, ces catégories ne sont pas aussi

1. Déclaration de Mexico sur les politiques culturelles. Conférence mondiale sur les politiques culturelles, Mexico City, 26 juillet - 6 août 1982.

caricaturales et des passages existent. Les liens sociaux sont en effet plus fluides et plus complexes qu'autrefois, même s'ils se heurtent à des barrières : il y a par exemple les codes implicites - vestimentaires, comportementaux, les références en matière d'art, de littérature, etc. - des membres de la haute bourgeoisie, ou la grande difficulté des Occidentaux à comprendre la culture japonaise.

La culture pour tous

Face à cette complexité, l'un des moyens de constituer des passages et de créer des liens, des moyens de compréhension mutuelle, est bien sûr l'éducation. Par l'enseignement, évidemment (c'est l'un de ses rôles les plus importants), mais aussi par mille autres canaux : la culture populaire (notons que des partis politiques comme le parti communiste ont largement contribué, en France, à diffuser la culture dans les couches populaires, en particulier avant et après la Seconde Guerre mondiale) mais aussi les associations. Depuis une trentaine d'années, la volonté de démocratiser davantage l'accès au théâtre (grâce à des tarifs réduits), à la musique (création de conservatoires, organisation de stages), à l'art (ateliers pour enfants dans les musées, visites d'expositions) et à la littérature (médiathèques, lectures publiques, etc.) s'est largement diffusée, même s'il reste beaucoup à faire. « Toute culture naît du mélange, de la rencontre, des chocs. À l'inverse, c'est de l'isolement que meurent les civilisations[1] », écrivait Octavio Paz. La culture est faite pour circuler, pour nous relier, pour nous permettre de nous ouvrir l'esprit.

Le cinéma, un lieu de lien

Le cinéma est sans aucun doute l'art le plus populaire qui soit : tous les films à portée de bourse, à portée de main,

1. Discours prononcé à l'occasion de la remise du prix Toqueville 1989 (Gallimard, 1989).

partout, sur tout le territoire. On a pu craindre que les plateformes mettent à mal les salles de cinéma et nous isolent un peu plus les uns des autres (la crise de la Covid a été un cap difficile) mais les Français sont très attachés à la séance de cinéma. Nous avons le premier réseau de cinémas d'Europe : 2000 cinémas, 6000 écrans et la moitié des salles dans des communes de moins de 10000 habitants ! Et une salle sur deux est classée « Art et Essai ». En 2018, toujours champions d'Europe, nous allions au cinéma plus de trois fois par an. Bref, nous adorons le ciné. Mais pourquoi ? Que se passe-t-il dans une salle obscure ? Il y a d'abord, bien sûr, le grand écran, la qualité du son et de l'image, le confort des fauteuils. Mais au-delà de ces indispensables qualités matérielles, il y a la joie d'assister à une projection ensemble. De partager un moment hors du temps avec des gens que nous ne connaissons pas mais avec qui nous vibrerons (ou pas). Sonia, cinéphile acharnée, remarque : « J'adore aller au cinéma en famille et sentir que d'autres rient, pleurent, au même moment. Quand le film est terminé, j'aime bien, en me levant, observer les visages et les réactions des autres spectateurs. »

Là où tout se joue

Le théâtre est, avec la musique, la forme d'art la plus ancienne. En Occident, le théâtre est d'abord une forme religieuse, apparue en Grèce – le mot vient directement du grec *theatron*, « lieu où l'on regarde ». Lors des cérémonies, un concours de tragédies était organisé durant lequel chaque auteur présentait quatre pièces. Comment ne pas y voir l'expression d'un double lien, avec les divinités et avec les hommes ? Cette interconnexion a perduré au Moyen Âge, où les représentations avaient lieu dans les églises et les cathédrales, en particulier durant la période du Carême. Le théâtre est ensuite sorti des églises pour entrer dans des salles

dédiées... et en ressortir plus tard, se donnant à voir dans de multiples lieux : en plein air, dans des monuments historiques, des cirques, etc.

Le théâtre est le lieu et l'expression du lien : lien des comédiens avec l'auteur, entre eux, avec les spectateurs, qui eux-mêmes entrent en résonance avec les hommes et les femmes présents sur scène, avec l'auteur et entre eux. C'est une communion vivante, unique et éphémère : au théâtre, nous participons à un événement qui n'aura lieu qu'une seule fois sous cette forme-là, même s'il se répète tous les soirs. En allant au théâtre, nous recherchons la proximité de nos contemporains. Nous voulons rire, nous émouvoir, nous indigner ensemble. Plus encore, nous communiquons avec ceux qui nous ont précédés et nous rions des mêmes choses : les rires provoqués par *Les Fourberies de Scapin*, encore récemment jouées à la Comédie-Française, sont les mêmes qu'au XVIIe siècle. C'est cette compréhension commune, voire ce scandale vécu ensemble (comme celui qu'a provoqué la représentation des *Paravents* de Jean Genet au théâtre de l'Odéon à Paris, en 1966, ou celle de *Sur le concept du visage du fils de Dieu* de Romeo Castellucci au Festival d'Avignon en 2011), qui lie un public, pour le meilleur et pour le pire. Avoir assisté à une représentation mémorable constitue à coup sûr un signe de reconnaissance : *Le Soulier de satin* de Paul Claudel, mis en scène à Avignon par Antoine Vitez en 1987, a laissé des traces dans l'esprit de ceux (peu nombreux, il est vrai) qui ont pu y assister. Dans un tout autre style, avoir vu Jacqueline Maillan sur scène dans *Potiche* au théâtre Antoine en 1980 est une expérience que racontent volontiers ceux qui ont pu la vivre. Ce ne sont là que quelques exemples de la force incomparable du théâtre jusque dans sa provocation, sa capacité à secouer ou à fédérer le public. C'est la question soulevée par Sorj Chalandon dans son roman *Le Quatrième Mur*[1] : « L'idée de Sam était belle et folle : monter l'*Antigone* de Jean Anouilh à Beyrouth. Voler deux heures à la guerre, en prélevant dans chaque camp un fils ou une fille pour en faire des acteurs. Puis rassembler ces ennemis sur une scène de fortune, entre cour détruite et jardin saccagé. »

« De la musique avant toute chose »

Tous les hommes, sur toute la planète, ont créé et joué de la musique. Expression humaine par excellence, elle est un mode de communication, de lien : 96 % des humains possèdent des capacités musicales. Nous sommes donc tous capables d'entendre la musique, de l'apprécier, d'être touchés, émus, enthousiasmés ou réfractaires à la musique. La musique n'étant pas une langue (même si elle est un langage), elle est accessible à tous : certes, les oreilles occidentales ont du mal à apprécier la musique japonaise ou chinoise et les oreilles des pays arabes peuvent être rebutées par la musique nord-américaine, mais il est possible de l'entendre et de se faire comprendre en jouant un morceau de musique. Nicolas Bouvier racontait que sa guitare

Nous sommes tous capables d'entendre la musique, de l'apprécier, d'être touchés, émus, enthousiasmés ou réfractaires à la musique.

1. Sorj Chalandon, *Le Quatrième Mur*, Grasset, 2013 (prix Goncourt des lycéens).

lui permettait d'entrer en relation avec les habitants de contrées reculées, au fin fond de l'Afghanistan ou de l'Inde, tout comme elle lui a permis de s'ouvrir à d'autres cultures : la musique est immédiate. C'est pour cela qu'elle forme des liens puissants et qu'elle est à la fois outil de communion entre les êtres (la musique est importante dans les liturgies) et outil de reconnaissance au sein de groupes (les amateurs de rap ou d'opéra). En tout cas, elle est un vecteur de développement (les enfants auxquels on chante souvent des chansons apprendraient plus vite à parler), de contact (la musique est l'une des dernières traces de la mémoire chez les patients atteints de la maladie d'Alzheimer), de souvenirs, de ralliement (les hymnes nationaux). Le professeur Emmanuel Bigand, chercheur en neurosciences cognitives à l'université de Bourgogne, auteur de *La Symphonie neuronale*[1], souligne que la musique a un effet sur l'ensemble de notre cerveau et sur nos relations sociales : « Et lorsque la vie nous réserve des mésaventures ou des moments difficiles, comme ce qu'on a vu pendant la crise de la Covid-19, la musique joue un rôle extrêmement important, elle est un facteur de cohésion. C'est ce qu'on a pu constater : il y avait des tas de moyens de communication qui étaient perdus, les gens ne pouvaient pas se voir, encore moins se toucher, il ne restait que le son qui traverse les distances et qui a le pouvoir de fédérer des groupes beaucoup plus grands que le langage. Et les gens se sont massivement mis à faire de la musique sur les fenêtres ou sur les balcons ou sur les réseaux sociaux. C'est un besoin de mise en relation par le son qui s'est exprimé. Cela en dit long sur la place de la musique dans l'humanité et aussi son impact sur nos cerveaux. »

---

1. Emmanuel Bigand, Barbara Tillmann, *La Symphonie neuronale*, humen Sciences, 2020.

LA LECTURE, UN LIEN SILENCIEUX

Un lien avec soi-même

Lire, c'est se permettre d'aller à la rencontre de soi-même. En tout cas de pouvoir en avoir la surprise. Car il s'agit d'ouverture, même si le texte est inintéressant ou rebute : le seul fait d'être entré en contact avec le propos de quelqu'un d'autre ouvre une brèche. Une jeune femme, sur Twitter, résumait cet effet à propos d'un livre de science-fiction : elle expliquait qu'elle avait été remuée et « salie » par le *Plop* de Rafael Pinedo. Il s'agit d'un effet extrême mais qui est une réalité : les livres nous bousculent, nous font changer, nous envoient dans une direction différente de celle que nous suivions jusqu'alors, nous font découvrir des univers radicalement différents du nôtre. Charles Pépin, dans son dernier livre[1], raconte sa rencontre avec un livre d'Emmanuel Carrère, *Le Royaume*[2]. Agnostique, il est remué par le témoignage et les réflexions de l'auteur. « Le temps de cette lecture, j'ai cessé de percevoir le monde comme un Occidental rationnel, un sceptique amoureux de son doute. J'ai fait en moi une place à un mystique dont je ne soupçonnais pas l'existence, et j'ai commencé à voir le monde avec ses yeux, à ressentir avec son cœur. Bref, j'ai

1. Charles Pépin, *La Rencontre, une philosophie*, Allary, 2021.
2. Emmanuel Carrère, *Le Royaume*, Folio, 2016.

rencontré un livre, et au travers de ce livre, son auteur. [...] L'expérience esthétique vécue pendant quelques mois a repoussé les frontières de mon intériorité : je me suis ouvert à d'autres visions que la mienne. » Le « soi » devient autre. Dans l'exemple cité par Charles Pépin, le philosophe découvre une dimension de lui qu'il ignorait. Il se relie à la part inconnue de lui-même. Le romancier Lionel Duroy a quant à lui rencontré *La Faim*, de Knut Hamsun, qui a eu une puissance extraordinaire de révélation pour le jeune écrivain qui sommeillait en lui. « Cette année-là, je me suis mis véritablement à écrire : j'avais rencontré un écrivain de même nature que moi[1]. » Cette force du livre est vraie pour chacun d'entre nous et quel que soit le texte; de nombreux lecteurs ont mis des mots sur la réalité de leurs émotions ou compris leurs interrogations à la lecture d'un essai ou d'un poème. Le récent livre de Camille Kouchner, *La Familia grande*[2], a ainsi soulevé le couvercle pour nombre de victimes d'inceste qui ne comprenaient pas la nature de leurs souffrances ou avaient oublié l'agression qu'elles avaient subie. Ce livre les a remises en lien avec elles-mêmes, un événement déclencheur qui a permis à beaucoup de se mettre sur la voie de la réparation.

Un lien avec l'auteur

Les mots d'un livre, cela peut sembler aller de soi, proviennent d'un ou de plusieurs individus, les auteurs. Ils ne sont pas flottants, surgissant de nulle part comme des nuages. Ils ont été pensés par un auteur, avec son caractère, son histoire, ses douleurs et ses joies. Ce que nous lisons est donc l'expression d'une personnalité, même s'il s'agit d'une œuvre philosophique ou universitaire. C'est seulement moins perceptible dans ce cas, plus à distance. Il n'en

---

1. Dans Christilla Pellé-Douël, *Ces livres qui nous font du bien*, Marabout, 2017.
2. Camille Kouchner, *La Familia grande*, Seuil, 2021.

demeure pas moins que les œuvres de Schopenhauer ou de Nietzsche, par exemple, nous disent quelque chose des hommes qu'ils furent. Et ce « quelque chose » vient nous toucher, sans que nous en ayons conscience. Cette connexion avec l'auteur est plus évidente dans la lecture d'un roman : derrière le déroulement d'une intrigue, d'un récit, l'écrivain nous parle. De nombreux lecteurs évoquent certains livres comme autant d'amis. Le lien est si fort qu'il est fréquent, en particulier lors de signatures d'auteurs dans des festivals ou des librairies, que les lecteurs viennent échanger avec les auteurs et leur faire part de leur vie, de leurs angoisses ou de leurs enthousiasmes. Amélie Nothomb est un exemple frappant de ce type de liens noué avec ses lecteurs : tous les jours, dans son bureau chez son éditeur, elle dépouille des centaines de lettres, auxquelles elle s'astreint à répondre. « Les échanges avec mes lecteurs occupent une place énorme dans mon existence. Si cela s'arrête, cela ferait comme un vide, un deuil... J'écris huit lettres par jour. J'ai plus de deux mille correspondants », raconte-t-elle lors d'une interview au journaliste Mohammed Aïssaoui du *Figaro*[1]. Un lien qui n'est pas toujours facile et même parfois encombrant, voire dangereux : la romancière a souvent été menacée, insultée. Ce que les auteurs laissent entrevoir ou deviner dans leurs œuvres parle, littéralement, aux lecteurs; l'émoi et l'identification suscités par un roman ou un récit deviennent des points de rencontre. Pour l'auteur, c'est une reconnaissance de son travail et de son talent : « L'auteur écrit pour s'adresser à la liberté des lecteurs et il la requiert de faire exister son œuvre », écrit Jean-Paul Sartre dans *Qu'est-ce que la littérature ?*[2].

---

1. Mohammed Aïssaoui, « Amélie Nothomb parle de ses lecteurs », *Le Figaro*, 20 août 2010.
2. Jean-Paul Sartre, *Qu'est-ce que la littérature ?*, Paris, Folio, 1984.

Un lien avec les autres lecteurs

Lire et partager... Les clubs de lecture, les rencontres avec les auteurs, les événements organisés dans des bibliothèques : autant d'occasions de tisser des liens avec d'autres lecteurs, ces amateurs avec lesquels nous pouvons échanger, discuter, découvrir.

Le prêt de livres est un sujet sur lequel tout le monde a un avis : il y a les organisés, qui notent leurs prêts pour être certains de remettre la main sur leurs volumes, les généreux qui prêtent à tout va et oublient, les rétifs et les opposés. En tout cas, prêter un ouvrage est un bon moyen d'entrer en relation. « J'ai rencontré beaucoup de gens dans mon club, raconte Isabelle qui fréquente un cercle de lecture franco-anglais, je n'ai pas accroché avec tous, mais quelques-uns sont devenus des amis. » Dans ces assemblées ont lieu des discussions autour d'un titre choisi le mois précédent, mais aussi des lectures à haute voix de plusieurs passages. Sans le savoir, ces lecteurs perpétuent une tradition antique : à Rome, raconte Alberto Manguel, à l'époque de Pline, les lectures d'auteurs « étaient devenues une cérémonie sociale à la mode et, comme dans le cas d'autres cérémonies, une étiquette régissait auditeurs et lecteurs. On attendait des auditeurs une réaction critique, à partir de laquelle l'auteur pourrait améliorer son texte[1] ». Quoi de mieux pour nouer des relations ? La lecture à haute voix est, c'est vrai, l'un des moyens les plus forts pour réunir des lecteurs-auditeurs : en se laissant baigner ensemble par le texte, l'émotion (que l'on a envie de partager immédiatement) – ou l'ennui – unit les participants. Et c'est l'émotion provoquée par le texte qui relie (pour un temps ou pour longtemps) les lecteurs-auditeurs : éprouver ensemble la même chose au même moment est un ciment solide.

1. Alberto Manguel, *Une histoire de la lecture*, Babel, 2006, p. 354.

Un lien avec les personnages

Le pouvoir d'évocation de la lecture est tel, en particulier dans les textes romanesques, que les personnages peuvent devenir de vrais compagnons, des modèles d'identification. C'est d'ailleurs en partie cette force qui faisait redouter leur lecture pour les jeunes filles au XIXe siècle : si jamais elles s'étaient prises pour des héroïnes de roman, qui sait ce qui aurait pu leur arriver ! Laissons à nouveau la parole à Alberto Manguel : « La belle-mère de Mme Bovary soutenait que les romans empoisonnaient l'âme d'Emma, et persuada son fils d'interrompre l'abonnement d'Emma à une bibliothèque de prêt, la plongeant ainsi plus profondément dans les marécages de l'ennui. » Boris Cyrulnik parle souvent de la manière dont, enfant, orphelin de son père, mort durant la guerre, et de sa mère, déportée à Auschwitz, il s'est sauvé en partie en s'identifiant à différents héros romanesques : David Copperfield, du roman de Charles Dickens ; Rémi, le jeune garçon de *Sans famille* d'Hector Malot, et Tarzan, le roi de la jungle, d'Edgar Rice Burroughs. « David Copperfield a pour moi été ce modèle selon lequel, bien qu'ayant une enfance misérable et malheureuse, il n'était pas fatal de devenir un délinquant. [...] Cette lecture m'a permis de me figurer ma propre histoire, de me sentir moins seul et de voir qu'il était possible de

Le pouvoir d'évocation de la lecture est tel, en particulier dans les textes romanesques, que les personnages peuvent devenir de vrais compagnons, des modèles d'identification.

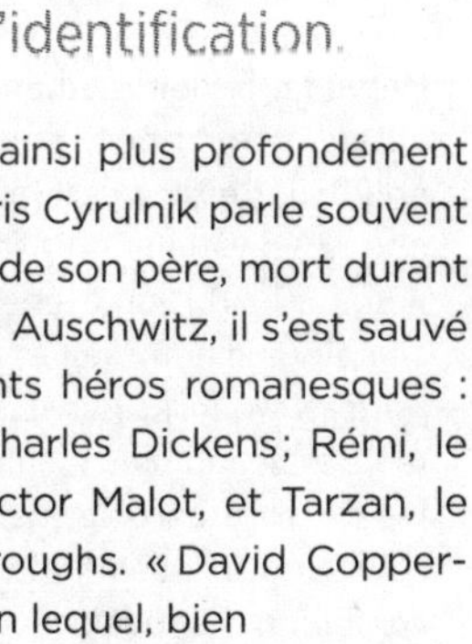

se sortir de situations difficiles[1]. » L'exemple emblématique de l'identification et du lien jusqu'à la mort avec les personnages de romans de chevalerie demeure Don Quichotte qui, persuadé d'être l'un d'eux, se met en tête de parcourir le pays pour sauver les malheureux. Ce thème est une source d'inspiration pour de nombreux ouvrages, comme *Peter Pan* ou *Les Aventures d'Alice au pays des merveilles*, dans lesquels les héros des histoires deviennent des personnages vivants : la fiction devient la réalité.

1. Dans Christilla Pellé-Douël, *op. cit.* note 3, p. 127.

HERVÉ LE TELLIER

« Il est une chose admirable qui surpasse toujours la connaissance, l'intelligence, et même le génie, c'est l'incompréhension. »

Hervé Le Tellier, mathématicien, journaliste scientifique, puis auteur, a reçu pour son roman *L'Anomalie* le prix Goncourt en 2020. Ce titre était prédestiné au regard de l'année 2020 que nous venons de passer dans le monde entier…

« En juin 2021, un événement insensé bouleverse les vies de centaines d'hommes et de femmes, tous passagers d'un vol Paris-New York. Parmi eux : Blake, père de famille respectable et néanmoins tueur à gages ; Slimboy, pop star nigériane, las de vivre dans le mensonge ; Joanna, redoutable avocate rattrapée par ses failles ; ou encore Victor Miesel, écrivain confidentiel soudain devenu culte. Tous croyaient avoir une vie secrète. Nul n'imaginait à quel point c'était vrai. »

L'auteur voulait travailler sur le genre, c'est pourquoi on y retrouve du roman policier, du drame psychologique, de l'espionnage, du traumatisme de guerre… Chacun à sa manière va évoluer durant trois mois face à cette situation inattendue qui les confronte à eux-mêmes.

« IL Y A UN LANGAGE DU CORPS ENTRE LES MUSICIENS ET MOI.»

L'éclairage de Mélanie Levy-Thiébaut

Un orchestre est un lieu où se nouent des liens mystérieux. Quelle est la nature de cet échange ? Comment les musiciens perçoivent-ils ses intentions artistiques, au-delà des gestes ? Chef qui a dirigé l'orchestre du Cadre noir de Saumur et fondé l'Orchestre Manifesto pour faire rencontrer la musique avec d'autres arts, Mélanie Levy-Thiébaut lève le voile sur cette mystérieuse alchimie.

Mélanie Levy-Thiébaut, pour bien diriger une œuvre musicale, faut-il vraiment qu'un lien se crée entre l'orchestre et son chef ?

Chef et musiciens, nous sommes tous des professionnels. On pourrait croire que, pour cette raison, le concert aura lieu quoi qu'il advienne et qu'il faudrait vraiment une catastrophe pour que l'on n'ouvre pas le rideau. Je n'envisage pas que nous fassions juste notre travail, parce que c'est à cela que ça reviendrait. Ce n'est pas ce que nous cherchons, ni les musiciens ni moi. Ce que nous cherchons, c'est cette part de magie, cette symbiose entre nous. C'est l'essentiel, ce lien. Le grand chef d'orchestre roumain Sergiu Celibidache disait que le problème est que cette magie surgit parfois en répétition. C'est vrai : cela arrive sans que nous puissions vraiment comprendre pourquoi, sinon nous recommencerions à chaque concert ! C'est cette part-là que nous cherchons. Une transcendance. Aujourd'hui, c'est cela qui m'intéresse, l'humain qui se dépasse. Le chef d'orchestre doit entraîner les musiciens pour servir une œuvre.

Comment cette symbiose survient-elle ?

D'abord, il faut être poli. Et légitime. J'ai trente ans de métier : quand j'ai commencé, à vingt-six ans, ce n'était pas facile. Je me suis pris quelques réflexions mais je suis parvenue à créer un lien parce que, en plus de mes compétences, j'avais de l'humour. Je me souviens d'une répétition durant laquelle un musicien a levé le doigt et dit « Maîtresse ? » pour me mettre dans une position d'institutrice. J'ai répondu : « Dans vos rêves, monsieur, ça n'arrivera jamais ! » À partir de là tout s'est apaisé, et ce musicien est devenu pour moi un pilier dans l'orchestre. Avec le métier, le charisme arrive. Même si les musiciens ne sont pas d'accord, ils suivent. Même s'ils ne m'aiment pas, ils sont d'accord pour suivre ce que je leur propose. C'est cela que je cherche, cet abandon. Je ne veux pas leur plaire, je veux les embarquer.

Sur quels piliers ce lien repose-t-il ?

Il y a au départ une connaissance parfaite de l'œuvre. Je dois avoir la sagesse d'accepter ce que je peux diriger, ce pour quoi j'ai le souffle. Si aujourd'hui on me propose la *Tétralogie*, je refuse ; si on me propose les symphonies de Mahler, j'accepte… Cela passe par cette conscience. Au début de ma carrière, j'ai eu une grande occasion : l'orchestre d'Israël, dirigé par Zubin Mehta, m'a appelée pour un remplacement. J'avais vingt-cinq ans ! J'ai refusé. Je me suis dit que je ne pourrais rien leur apporter, donc on ne pouvait pas se rencontrer. Il faut toujours diriger des orchestres auxquels on peut apporter quelque chose, sinon le lien ne se fait pas. Et puis, bien sûr, il y a le travail sur la partition. Je dois pouvoir argumenter ma vision de l'œuvre et connaître le mouvement artistique auquel elle est attachée. Je dois être une passeuse, une messagère.

Il doit donc y avoir une forme de sincérité entre votre connaissance de l'œuvre et la sensation que vous en avez ?

C'est fondamental. Cœur, intellect et corps doivent marcher ensemble. S'il n'y a que l'émotion, par exemple, et que le corps n'arrive pas à la transmettre, ça ne marche pas. Le chef peut vivre intérieurement quelque chose de très fort, mais s'il y a une inadéquation avec le corps, l'orchestre le sentira. Les musiciens sont très perméables. Alors j'ai travaillé ça : quinze ans d'arts martiaux sur cette adéquation corps-cœur-esprit. J'ai fait du sabre japonais et appris que le guerrier japonais mettait tout cela en œuvre, sinon le geste n'a pas de portée. Vous savez, le mot « charisme » a pour racine le mot « charme », au sens magique du terme. Cela veut dire que je dois capter l'esprit de l'autre et son corps. Il y a un langage du corps entre les musiciens et moi. Quand j'ai des sensations, ils les sentent. Le corps est le messager réel.

Faut-il par moments s'abandonner au flot de la musique ?

Je ne peux pas m'abandonner à l'orchestre, sinon je ne dirige pas. Je peux m'abandonner à l'œuvre, mais avec contrôle. Un jour, je me suis laissée happer par l'émotion dans *Le Lac des cygnes*, au point d'avoir les larmes aux yeux, eh bien le spectacle a été très mauvais ! J'avais perdu le contrôle du souffle du spectacle. Et c'est autre chose que notre propre émotion. Il faut amener les spectateurs à l'émotion avec contrôle, et leur permettre de respirer.

Et comment le côté humain se met-il en place ?
Nous devons devenir un seul corps, battre d'un même cœur. Au bout de trente ans, je sais un peu comment faire. Je m'appuie sur six piliers : le violon solo, le hautbois solo, le timbalier solo, le cor et le trompette solo et le régisseur. Ce sont des postes essentiels, qui vont relayer mes indications. Et puis il y a moi-même : les musiciens sont des éponges qui sentent tout, ma mauvaise ou ma bonne humeur... Pour m'aider, je fais beaucoup de pranayama, une forme de yoga basée sur la respiration. Durant les séances, nous ouvrons le plexus solaire, qui chez les femmes n'est souvent pas assez ouvert. Un jour, il y avait du bruit dans l'orchestre. J'ai respiré, ouvert ce point et tout l'orchestre s'est tu ! Cette ouverture ou cette fermeture entraînent l'attitude des autres. C'est une éducation qui devrait être donnée aux chefs et aux musiciens. C'est comme cela que le fluide, l'esprit de la musique, peut transiter. Le bras et la baguette sont les objets transitionnels par lesquels passe l'intention, mais il faut que cette intention soit là, qu'elle soit juste. Ce serait bien que tous les chefs fassent ce travail sur le corps, y compris de la danse, pourquoi pas ?
Les chefs doivent se mettre dans le corps des interprètes, comprendre le mouvement, le souffle, pour pouvoir les accompagner, les diriger.

Quelle est la part de l'inconscient dans cette relation ?
Elle est importante, bien sûr, puisque nous travaillons dans le non-verbal. Il m'est arrivé de simplement dire « Bonjour » à un orchestre, et le lien était là. Pourquoi ? Je l'ignore. C'est pour cela que plus on dégage une « force tranquille », mieux ce sera.

D'où les arts martiaux, le pranayama. Mais c'est fragile. Et puis il y a des moments où il faut rompre avec les orchestres que l'on connaît depuis longtemps, dont on a l'habitude. Avec mon orchestre Manifesto, nous nous connaissons depuis quinze ans et je commence à sentir la nécessité d'une rupture amoureuse. Je les aimerai toujours mais il faut que je m'en aille. Avec l'Ensemble instrumental de la Mayenne, dont je suis la directrice musicale depuis six ans, c'est la même chose : je les ai quittés car je suis allée avec eux au bout de mon projet. Et parce que le lien est si fort que l'on a peut-être perdu la fraîcheur et l'élan artistique.

RETROUVEZ *GRAND BIEN VOUS FASSE !* EN PODCAST

- **Pourquoi la musique nous fait-elle du bien ?**
- **Grec et latin : ce que ces langues anciennes nous apportent.**
- **Le plaisir des comédies hollywoodiennes de l'Âge d'or.**
- **Comment transmettre le plaisir de lire aux enfants ?**
- **Comment la culture pop nous aide-t-elle à philosopher ?**

À la rencontre de...

THIBAUT DE SAINT MAURICE

Ce philosophe, auteur de *Philosophie en séries* 1 et 2 (Ellipses), chroniqueur à *Grand bien vous fasse !*, analyse les raisons pour lesquelles les spectateurs nouent un lien si fort et si particulier avec les séries et leurs héros.

Quelle est la particularité de nos liens avec les séries ?
Je voudrais d'abord rappeler qu'une série c'est... une série ! C'est-à-dire une fiction qui va demander plus de temps qu'un film de cinéma ou même qu'un livre. Ainsi, quand on regarde une série, même quelques épisodes seulement, cela peut durer six heures. Il s'agit d'un rapport avec le temps : nous donnons une partie de nous-mêmes à une histoire, à des personnages, à un environnement. C'est capital pour comprendre comment, en retour, cette fréquentation va nous transformer. Il me semble difficile de continuer à visionner une série si je ne suis pas dans cette relation d'échange entre le temps que je donne et ce que m'apporte la fiction. C'est une expérience d'esthétique singulière. D'autant que l'on entre dans cette expérience sans connaître *a priori* la date de la fin de la série : durera-t-elle deux saisons, dix saisons ? C'est pour cela que cette relation me semble assez proche de celle que l'on peut avoir avec les gens que l'on rencontre. C'est une relation particulière et différente.

Mais n'est-ce pas la relation qu'entretenaient les lecteurs des feuilletons publiés dans la presse au XIXe siècle ?
Si on ne tient pas compte de la différence technologique, les lecteurs du *Comte de Monte-Cristo* avaient sûrement une expérience proche de celle des spectateurs des séries d'aujourd'hui. Ce qui change, c'est que l'image permet une présence qui est peut-être plus spectaculaire, plus intense, et qui donc marque psychologiquement davantage. Et puis il y a une profusion d'offres. Par ailleurs il y a aussi, chez

les amateurs de séries, un engouement pour la musique, les lieux de tournage : les fans de *Game of Thrones* ont adoré voir les paysages où la série a été tournée.

Le lien que nous nouons avec les personnages des séries est-il aussi plus intense ?
Ce qui est singulier avec les séries, c'est que l'on s'attache à une multiplicité de personnages, à ce que j'appelle un « personnel de série ». Dans *Friends*, par exemple, on avait peut-être un personnage préféré mais on aimait aussi les autres et, surtout, on aimait les retrouver ensemble. Dans un autre style, *Game of Thrones* compte plus d'une cinquantaine de personnages récurrents. On s'attache à un collectif. À travers eux, on se découvre la capacité de se sentir relié à des personnalités complexes. Cette complexité est très enrichissante : dans notre vie nous évoluons dans des milieux, des cercles, très déterminés socialement. Au fond, dans ma vie, je rencontre des gens qui se ressemblent tous un peu : je suis prof, j'ai quarante ans, j'ai des enfants. De ce point de vue, les séries représentent un réservoir de personnages que je ne rencontrerai peut-être jamais dans la vie. Ils deviennent donc des amis que je ne pourrai jamais avoir : je n'ai aucun ami dans la police, par exemple.

Quelle est la forme de l'attachement que nous éprouvons pour ces personnages ?
Il y a les partisans d'une théorie de l'identification et puis il y a ceux de l'interrogation. Dans un cas, je m'identifie aux personnages ; dans l'autre cas, je m'attache parce qu'ils me permettent d'interroger qui je suis, et ils apportent des réponses aux questions que je pourrais me poser. Je penche plutôt pour l'hypothèse de l'interrogation. La richesse de ces personnages ne se réduit pas au fait que l'on puisse s'identifier, précisément parce qu'ils sont des héros au long cours et développent donc des facettes complexes de leur personnalité. Donc, ils déjouent à la longue la théorie de

l'identification. Par exemple, Tony Soprano, dans la série *Les Soprano*, est un personnage auquel je m'identifie de moins en moins. Ce n'est pas pour autant que je vais cesser de m'intéresser à lui, au contraire. En me donnant accès à sa complexité, il me permet d'interroger la mienne.

Qu'en est-il de la récurrence, du suspense de la narration ?
Il y a le plaisir de la narration, du rebond ; la frustration est repoussée. Dans les séries qui comptent de nombreux personnages, il est impossible qu'ils apparaissent tous dans chaque épisode. Il y a donc la joie de retrouver un héros quelques épisodes plus tard. Quand j'ai commencé à travailler sur les séries, je me souviens qu'un reproche revenait souvent : « Oui mais c'est toujours la même chose. » C'est vrai. Il y a quelque chose de l'ordre de la stéréotypie mais je pense que suivre un personnage, c'est aussi apprendre à distinguer l'ensemble de ses variations. Personne ne fait le reproche à Bach de faire de la musique répétitive : on a compris qu'il a inventé l'esthétique de la variation. Il me semble que c'est ce qui caractérise le personnage de série. C'est aussi ce qui nous attache à nos amis dans la vie ! Ils ont des caractéristiques que nous aimons retrouver et voir dans leurs variations. On aime les voir évoluer et aussi rester les mêmes. C'est ce que disait déjà Umberto Eco, qui parlait des séries comme d'une esthétique de la variation et non de la répétition.

Finalement, on en revient toujours au plaisir de la fiction.
Bien sûr. Et puis nous assistons aussi au vieillissement, à la transformation des personnages. C'est presque un dévoilement de l'intimité. *The Americans* s'étale sur une période de sept ans. On y voit donc des enfants, qui ont une dizaine d'années au début de la série, devenir des ados puis de jeunes adultes. À la fin de la série, ils ont une petite vingtaine d'années. On les a vus grandir. C'est ce qui se passe dans nos familles : les personnages deviennent pour

une part notre famille. Au fond, c'est une familiarisation qui, en nous faisant fréquenter de façon régulière un milieu inconnu – l'hôpital, la prison, la politique, etc. –, nous fait entrer dans un réel qui auparavant nous échappait. C'est un facteur de démocratie.

Ce que l'on en voit est tout de même romancé, chimérique, irréel…

Oui, cela participe d'une industrie. Mais n'oublions pas que la concurrence est énorme : pour gagner des spectateurs, il faut être créatif, le meilleur dans sa partie. Ce qui explique le succès de HBO et de sa capacité à proposer des personnages complexes. La contrainte devient facteur de créativité. Si cela fonctionne, c'est qu'il y a une vérité de la fiction qui l'emporte. *Urgences* a été un immense succès parce que la vérité l'emportait. Par exemple, les malades ne sont pas systématiquement guéris, ce qui nous les rend plus proches !

Les séries entraînent-elles un lien entre fans ?

Oui, bien sûr ! C'est la question du groupe. La légitimation des séries provient d'un long travail de communautés très liées entre elles. C'est un peu moins le cas aujourd'hui, en partie en raison de la diversité de l'offre. Mais les séries sont une matière des conversations ordinaires. Qu'est-ce qui fait le lien entre les gens ? C'est ce dont ils parlent. S'ils en parlent, ils révèlent qu'ils sont déjà liés par ce dont ils parlent, et le fait d'en parler renforce le lien. Les séries sont aujourd'hui des éléments clés de notre culture commune. Je vais même plus loin : il n'y a peut-être aujourd'hui que les séries qui relient autant les gens. Si je parle à mes étudiants de *La Casa de papel*, c'est un lien entre nous.

Pourquoi ce vide quand une série s'achève ?

Parce que c'est une expérience proche du deuil. Quand on a suivi une série pendant plusieurs saisons et que l'on arrive au bout, il va nous falloir réussir à quitter des personnages auxquels on s'est attaché ! C'est parfois très triste, tant les personnages ont compté pour nous, tant ils nous apporté et tant nous avons apprécié la relation que nous avons entretenue avec eux. Pourtant ils ne nous quittent jamais tout à fait, et, dans le temps qui suit la fin d'une série, on peut aussi chercher les traces qu'ils ont laissées en nous et observer les changements d'idées, de jugements, de sensibilité qu'ils ont provoqués chez nous.

DES FILMS QUI FONT DU LIEN

Tellement proches d'Éric Toledano et Olivier Nakache (2009)

Familles, je vous hais... ou je vous aime ? Les deux, mon capitaine, puisque le lien familial, même quand il est névrotique, plie mais ne rompt jamais dans cette comédie d'Éric Toledano et Olivier Nakache mettant en scène une fratrie, avec pièces rapportées, qui n'est pas piquée des hannetons. Alain, le trentenaire, est un éternel adolescent, papa d'un hyperactif. Son frère aîné, Jean-Pierre, joue à l'adulte responsable alors qu'il tire le diable par la queue, tandis que son épouse voit dans leur petite fille une bête à concours. Et Roxane, la cadette, veut tellement un enfant qu'elle tyrannise son fiancé. Commencé en fanfare (une scène de dîner d'anthologie, qui finit à coups de poêle !) avec une méchanceté qui rappelle les comédies italiennes d'antan, le film se resserre sur la tendresse : la famille finit toujours par se ressouder, pour le pire et surtout le meilleur.

Vénus beauté (institut) de Tonie Marshall (1999)

Dans le salon de beauté de Nadine, la patronne, ça travaille, ça papillonne, et toutes les femmes, employées comme clientes, échangent et se soutiennent. Le lien féminin, la sororité pour compenser les failles et les solitudes, même bien cachées derrière des sourires de vitrine, alors que le Nouvel An approche et que, dans la neige, les pas des couples s'impriment et s'effacent. Cette chronique à la fois gaie et mélancolique de la vie dans une petite ruche peuplée d'abeilles en blouse rose (incarnées par un essaim d'actrices formidables) rappelle qu'une tribu tient chaud, qu'il y a toujours moyen d'instiller de la chaleur entre les êtres, et de laisser la lumière allumée pour les êtres un peu paumés.

La Mouette et le Chat
d'Enzo D'Alò (1999)

Ce dessin animé adapté d'un livre pour enfants de Luis Sepúlveda, devenu culte, traite d'un lien contre nature de manière à la fois douce et hilarante. C'est l'histoire d'une mouette couverte de goudron par une marée noire qui, avant de mourir, pond un œuf et le confie... à un chat qui passait par là. Non seulement ce dernier ne mangera pas la nouvelle-née, Félicité, qui le prend pour sa maman, mais il lui apprendra à voler. Une merveille d'humour et de tendresse, avec un graphisme chaleureux qui célèbre les liens de l'adoption et de l'élection, au-delà des stéréotypes.

Les Fugitifs
de Francis Veber (1986)

Un lien de circonstance et même, disons-le, carrément forcé, peut donner naissance à un tandem merveilleux. Ou comment un baroudeur baraqué et irascible (Gérard Depardieu) se retrouve otage d'un gaffeur fragile (Pierre Richard) qui ne pense qu'à récupérer sa petite fille, Louise. Ils sont deux, puis trois, contre le reste du monde, et finissent par former une drôle de famille, avec papa déguisé en femme. Fuir ensemble, fuguer de concert, et s'attacher à la même enfant que le chagrin a rendue muette et à laquelle la chaleur de l'aventure collective rendra la parole : dans cette comédie policière aussi drôle qu'attendrissante, le lien est un consentement insolite et irrésistible. On ne choisit pas sa famille ? Eh bien... si !

Elle et lui
de Leo McCarrey (1957)

Pourquoi ce film fait-il l'objet d'une telle adoration de la part des cinéphiles, en dehors du fait qu'il s'agit de l'un des rares cas d'« auto-remake » de l'histoire du cinéma (la première version, avec Irène Dunne et Charles Boyer, datant de 1939) ? Parce que ce grand mélo au technicolor éclatant ne raconte pas seulement l'histoire d'amour d'un play-boy oisif (Cary Grant dans toute sa splendeur) et d'une chanteuse (superbe Deborah Kerr) : il impose leur lien envers et contre tout. Car, après des moments de séduction dignes des plus grandes comédies sophistiquées, elle n'est pas au rendez-vous qu'ils se sont fixé, tout en haut de l'Empire State Building. Il l'attend. Elle ne vient pas. Aurait-elle cessé de l'aimer ? Non, un drame imprévisible a coupé le lien. Mais un tableau et une foi inaltérable dans la sincérité des sentiments retisseront ce maillage indéfectible entre un homme et une femme faits l'un pour l'autre. Ou comment sourire et avoir les larmes aux yeux en même temps à la fin d'un chef-d'œuvre.

GUILLEMETTE ODICINO
EST JOURNALISTE À TÉLÉRAMA,
CHRONIQUEUSE À *GRAND BIEN VOUS FASSE !*
LE VENDREDI ET À *BEL & BIEN* SUR FRANCE 2.

DES LIVRES QUI NOUS PARLENT DE LIENS

Liens familiaux, sociaux, amoureux, artistiques… ou perte des relations, les écrivains ne cessent de parcourir cet immense pays. En voici quelques-uns, parmi nos préférés ; à chacun de découvrir les siens.

Sous le signe du lien, de Boris Cyrulnik (Fayard/Pluriel, 2010)

Ce livre a été un vrai soutien lorsque j'attendais mon premier enfant et que toutes les angoisses du monde me tombaient dessus. Mon comportement provoquait l'hilarité, je savais bien que c'était ridicule, mais je ne pouvais m'empêcher d'avoir ces pensées stupides. Et j'ai découvert le livre de Cyrulnik. Qui m'a rassurée plus que n'importe quel discours bienveillant de mes proches ! Robert Mitchum répondait, lorsqu'on l'interrogeait sur la difficulté du métier d'acteur : « Si Rintintin peut le faire, moi aussi ! » C'était tout à fait cela : si des singes, des souris, des cochons étaient capables de mettre au monde leurs petits et de s'en occuper à merveille, il n'y avait donc pas de raison que je n'y parvienne pas. Et Cyrulnik de démontrer les chemins par lesquels se construisait pas à pas le lien entre la mère et l'enfant, en commençant bien avant qu'elle n'en ait conscience : par la vie utérine. Dans ce cas, pas la peine de s'angoisser outre mesure : si je le faisais sans le savoir, cela devrait marcher quand le bébé serait là ! Au bout de neuf mois, finalement, comme prédit par Boris Cyrulnik, j'ai réussi à accoucher et même à aimer ma fille d'un amour très puissant, qui ne m'a même pas étonnée ! Quand mon fils s'est annoncé, trois ans plus tard, j'ai relu *Sous le signe du lien*, et j'y ai trouvé le même réconfort... même si tout était plus facile, grâce à ma fille, car j'étais devenue une mère expérimentée.

Sunset Song
de Lewis Grassic Gibbon (Métailié, 1997)

J'ai lu ce livre grâce à un ami écossais, qui me l'a mis entre les mains au moment d'un divorce difficile. Ma situation n'avait cependant rien à voir avec celle de cette jeune femme follement amoureuse, vivant dans le nord de l'Écosse et dont le jeune époux doit partir sur le front durant la guerre de 14-18. Il revient, transformé, ombrageux, coléreux, violent. Elle en souffre jusque dans sa chair : celui qu'elle aimait n'est plus, il n'y a qu'un fantôme, une ombre de son homme est à ses côtés. Pourtant, son amour à elle est toujours palpitant. Elle en est comme épluchée vivante. La résonance de la douleur de cette jeune femme, sa voix brisée, me parlaient mieux que personne de ma propre épreuve. Le sentiment d'avoir tout perdu, surtout soi-même, dans l'affrontement, d'être arasée, de ne pouvoir reconnaître celui que l'on a aimé, tout me parlait, et les mots me chuchotaient que ces chagrins traversaient les siècles, le monde. Il n'y avait alors rien d'exceptionnel, même si la dureté de la traversée me donnait l'illusion d'être seule. Ce roman me tendait un miroir, mais aussi la main dans une solidarité humaine. Aucune voix amie ne pouvait me dire ce que je puisais dans la langue de Grassic Gibbon, ce magnifique romancier écossais du début du XXe siècle, à peu près ignoré en France. Ce cadeau que me fit mon ami me fut l'un des plus précieux.

Nous deux mon chien
de François Caradec (Pierre Horay, 1992)

Ce livre est la preuve de l'existence de l'amour sur terre. L'amour total, sans paroles. L'amour entre un homme et son chien. Entre François Caradec, grognon et merveilleux auteur, puits de culture littéraire, écrivain délicat, homme droit, et son chien bizarre, à la race incertaine. Et comme j'aimais François et que nous avions le même amour des chiens, je me replonge souvent dans ce bijou. Rien de trop, tout est dit avec humour et tellement de tendresse ! Le chien qui chante en voiture, qui ronfle, qui rigole, qui saute dans les herbes, oreilles au vent. Le chien qui pose sa tête sur les genoux de son maître. Qui parle avec lui... Et, comme c'est court, une vie de chien, le voilà qui passe l'arme à gauche et François qui se retrouve avec le coeur trop gros de l'absence du petit poilu...

Je le lis et alors je regarde mon chien Marius, qui dort et ronfle à côté de moi ou qui pose sa tête sur mon bras en soupirant et qui m'aime. Et j'en profite. Et ça me rapproche de François. Et ça me fait du bien. Et voilà.

Arrête avec tes mensonges, de Philippe Besson (10/18, 2018)

C'est au lycée que Philippe Besson fit la rencontre de son premier grand amour qui demeura secret durant plus de trente ans. À cette époque-là, les amours homosexuelles ne se disaient pas, ne se montraient pas. Encore moins dans le milieu ouvrier où était né Thomas Andrieu, où ces choses-là ne pouvaient être envisagées. L'amour foudroie pourtant les deux adolescents qui se retrouvent en cachette et jamais ne se disent « je t'aime ». Le poids des conventions, la force des destins les éloignera douloureusement l'un de l'autre. Jamais Philippe n'oubliera. Thomas, sans doute pas non plus. L'écrivain gardera en lui le souvenir de ce qui les noua l'un à l'autre et en fera ce beau livre, plein de pudeur.

Monsieur Proust, de Céleste Albaret et Georges Belmont (Robert Laffont, 2014)

Céleste Albaret fut la gouvernante attentive et dévouée de Marcel Proust durant les huit dernières années de la vie de l'écrivain. C'est grâce à la jeune femme, entrée au service de l'auteur à l'âge de vingt-deux ans, que l'écrivain put mener à bien la colossale rédaction d'*À la Recherche du temps perdu*. Céleste, non seulement veilla au bien-être de Marcel Proust, mais elle transcrivit et prit sous la dictée le texte du roman. Le romancier se confia à celle en qui il avait une confiance totale. Leur lien fut unique. Céleste adorait et vénérait « Monsieur Proust », Marcel éprouvait pour elle une véritable affection et se reposait totalement sur elle. Ces deux-là que tout éloignait furent cependant plus proches que des membres d'une même famille. À plus de quatre-vingt ans, Céleste évoqua ce lien unique auprès de Georges Belmont qui en retranscrivit l'enregistrement (à retrouver sur France Culture). Un témoignage bouleversant du grand Marcel Proust qui dit à Céleste : « Ce sont vos belles petites mains qui me fermeront les yeux. » Ce qu'elle fit.

***Treize à la douzaine*,**
de Frank B. Gilbreth junior
et Ernestine Gilbreth Carey (Folio Junior, 1998)

L'irrésistible et hilarant récit de l'excentrique famille Gilbreth avec ses douze enfants. Le jour de leur mariage au début du XXe siècle, les parents Gilbreth, tous deux brillants ingénieurs spécialisés dans l'étude du mouvement (en la matière, ils allaient être servis), décidèrent d'avoir douze enfants. Pari tenu ! Les méthodes d'éducation originales (comment apprendre le morse en louant un phare pour les vacances...), autant que l'humour ravageur et l'affection indéfectible sont les ingrédients de cette chronique, où les relations fraternelles et l'affection familiale sont le creuset d'histoires toutes plus amusantes et touchantes les unes que les autres.

Par Christilla Pellé-Douël

CRÉDITS ICONOGRAPHIQUES

Portraits d'Ali Rebeihi au trait : © Julie Bourges.
p. 29 : © Morphart Creation/Shutterstock ; p. 37 : © Ekaterina Mikheeva/Shutterstock ; p. 39 : © chronicler/Shutterstock ; p. 58 : © Hein Nouwens/Shutterstock ; p. 67 : © Hein Nouwens/Shutterstock ; p. 81 : © Jolygon/Shutterstock ; p. 95 : © alex74/Shutterstock ; p. 110 : © Hein Nouwens/Shutterstock ; p. 111 : © alex74/Shutterstock ; p. 112 : © Alexander_P/Shutterstock ; p. 115 : © alex74/Shutterstock ; p. 134 : © Marzolino/Shutterstock ; p. 141 : © Istry Istry/Shutterstock ; p. 142 : © Morphart Creation/Shutterstock ; p. 145 : © lynea/Shutterstock ; p. 152 : © McVector/Shutterstock ; p. 153 : © Morphart Creation/Shutterstock ; p. 155 : © Maryna Serohina/Shutterstock ; p. 159 : © Alexander_P/Shutterstock ; p. 170 : © Alexander_P/Shutterstock ; p. 172 : © Morphart Creation/Shutterstock ; p. 186 : © Marzolino/Shutterstock ; p. 193 : © chempina/Shutterstock ; p. 199 : © Marzolino/Shutterstock.

Composition et mise en pages
Nord Compo à Villeneuve-d'Ascq

Imprimé en France par CPI
en septembre 2021
N° d'impression : 3044401

Pocket – 92 avenue de France, 75013 PARIS

S32122/01